FLAMENCO Y EDUCACIÓN EN VALORES

Víctor Pastor Pérez

FLAMENCO Y EDUCACIÓN EN VALORES
Recursos didácticos y experiencias educativas en Educación Secundaria Obligatoria

EDITORIAL
UNIVERSIDAD DE SEVILLA

Sevilla 2024

 Manuales Universitarios

EDITORIAL
UNIVERSIDAD DE SEVILLA

NÚM. 107   AÑO 2024

Motivo de cubierta: Dibujos propios del autor.

© Editorial Universidad de Sevilla 2024
  C/ Porvenir, 27 - 41013 Sevilla.
  Tfnos.: 954 487 447; 954 487 451
  Correo electrónico: info-eus@us.es
  Web: https://editorial.us.es

© Víctor Pastor Pérez 2024

Impreso en papel ecológico
Impreso en España-Printed in Spain

ISBN 978-84-472-2591-0
Depósito Legal: SE 1319-2024

Diseño de cubierta: Julia de Grabiel (juliadgart@gmail.com)
Maquetación: Dosgraphic s.l. (dosgraphic@dosgraphic.es)
Impresión: Masquelibros

Índice

1.
INTRODUCCIÓN

El presente libro surge a raíz de la tesis doctoral *Música para la justicia social: el flamenco como recurso para la intervención socioeducativa (de la tradición oral al academicismo)*, realizada en el marco del programa de doctorado en Educación de la Universidad Autónoma de Madrid (UAM) y que contó con la dirección conjunta de la Universidad de Sevilla (US). Su objetivo principal es apoyar el proceso de inclusión educativa del flamenco en la Educación Secundaria Obligatoria (ESO) a través de sus características musicales, históricas y literarias, así como por las posibilidades que ofrece para trabajar con el alumnado elementos transversales del *curriculum* relacionados con la educación en valores.

Los materiales educativos y recursos didácticos que se recogen tienen la finalidad específica de lograr una mayor presencia del flamenco en las aulas de secundaria de nuestro país y, concretamente, en las de Andalucía, siendo totalmente necesario que la inclusión educativa del flamenco englobe las primeras etapas del marco no profesionalizante para comenzar a trabajar con el alumnado de Educación Primaria Obligatoria (EPO) y secundaria. De este modo, se fomentarán no solo las bases del conocimiento sobre esta manifestación artística y cultural, sino también el amor y el interés por ella, apoyando así el proceso de creación de aficionados y aficionadas que contribuyan en el futuro a mantenerlo, desarrollarlo y perpetuarlo.

Cuando se habla de la «Didáctica del flamenco» se hace referencia a la enseñanza práctica de los bailes, toques o cantes en las academias o conservatorios, pero también a su aproximación a través de sus características musicales, históricas y/o literarias desde una posición científica encaminada a una aplicación en el ámbito escolar.

La obra que aquí se presenta, además de proporcionar recursos y materiales didácticos relacionados con la enseñanza-aprendizaje del flamenco en el ámbito de la ESO, muestra diversos ejemplos de cómo algunos contextos donde se desarrolla la práctica musical o las propias letras de las canciones (en el caso del flamenco, de los cantes) nos pueden ayudar a pensar, reflexionar y tomar conciencia sobre determinadas cuestiones de gran importancia para la sociedad en su conjunto y, de manera específica, fundamentales para la verdadera formación integral del alumnado.

El concepto de «educación en valores» hace referencia al trabajo en el aula de los elementos transversales del *curriculum* centrados en el respeto, la tolerancia y en todo aquello relacionado con el fomento de unos valores acordes a una sociedad democrática, justa e igualitaria. En esta línea, se ofrecen ejemplos prácticos del trabajo específico realizado con el alumnado de secundaria para que puedan servir de guía a docentes que quieran trabajar estos contenidos a través del flamenco.

Se ha creído conveniente para este objetivo mostrar el material en un formato cercano al de unidades didácticas, para que puedan ser tomadas como modelo por el profesorado de esta etapa educativa, y no redactarlo en forma de artículo académico. Se exponen así los objetivos, la metodología, los resultados del trabajo del alumnado y sus propias valoraciones.

La propuesta metodológica y de contenidos es suficientemente abierta para que, a pesar de que las experiencias educativas que se muestran se hayan desarrollado en el marco de la Ley Orgánica 8/2013, de 9 de diciembre, para la mejora de la calidad educativa (LOMCE), puedan utilizarse y servir de guía como situaciones de aprendizaje (SA) en el modelo de la actual Ley Orgánica 3/2020, de 29 de diciembre (LOMLOE), por la que se modifica la Ley Orgánica 2/2006, de 3 de mayo, de Educación (LOE). Por este motivo, se muestran ejemplos de fichas de situaciones de aprendizaje.

Actualmente, el flamenco está incluido en Andalucía dentro de los diseños curriculares de los contenidos de los libros de texto de educación primaria y secundaria; constituye también un material obligatorio en las programaciones didácticas que se han de elaborar en los procesos de oposición docente para ambas etapas educativas. Asimismo, la reciente Ley 4/2023, de 18 de abril, Andaluza del Flamenco establece un régimen jurídico para garantizar su protección, conservación, difusión y conocimiento como bien social y patrimonio cultural inmaterial de Andalucía, habiéndose iniciado en el curso 2023/24 la asignatura Cultura del Flamenco en la optativa de Música para 3.º de ESO. Este libro pretende ser un material de apoyo al profesorado encargado de impartir esta necesaria asignatura.

2.
DIDÁCTICA DEL FLAMENCO

Por su propia riqueza y complejidad musical, por la unión de poesía, música y danza, por la representación cultural de relación con la sociedad andaluza y por su gran expresividad en cuanto a muestra y origen de emociones y sentimientos humanos universales, se justifica que el flamenco esté valorado y se encuentre presente en el sistema educativo español en todos sus niveles.

La inclusión educativa del flamenco abarca desde los espacios específicos de la educación musical de los conservatorios hasta los que se enfocan más en la investigación de las universidades. Aun así, tal y como se ha señalado, se precisa que su incorporación en el ámbito educativo se lleve a cabo en las primeras etapas de formación no profesionalizante (EPO y ESO), lo que fomentará la creación de un público aficionado que pueda mantenerlo y desarrollarlo en el futuro.

Las dos principales instituciones de la Consejería de Turismo, Cultura y Deporte de la Junta de Andalucía que trabajan en relación con la conservación, recuperación, difusión y promoción del flamenco en sus diferentes ámbitos son el Centro Andaluz de Documentación del Flamenco (CAF) y el Instituto Andaluz de Flamenco (IAF).

Por un lado, el Centro Andaluz de Documentación del Flamenco, creado en 1988 con el nombre de Fundación Andaluza de Flamenco, desde sus inicios tiene como objetivos la salvaguardia y promoción de los valores tradicionales de las manifestaciones artísticas y literarias del pueblo andaluz mediante la investigación, recuperación, enseñanza y divulgación a través de cursos, seminarios y publicaciones sobre el flamenco. Cuenta con un sólido servicio documental en el que se incluye un importante recurso educativo para el tercer ciclo de primaria y primer ciclo de secundaria: la publicación de la guía didáctica *Entre dos barrios*.

Por otro lado, el Instituto Andaluz del Flamenco, denominado anteriormente Agencia Andaluza para el desarrollo del Flamenco, fue creado en el año 2005 con el fin de llevar a cabo la labor de gestión y difusión del flamenco. Entre sus publicaciones más importantes se encuentra *El libro blanco del flamenco*, que recoge tanto el desarrollo y conclusiones de algunos de los congresos celebrados como las propuestas y líneas de trabajo que se deben seguir en el ámbito educativo.

De manera específica, dentro de los planes y programas Educativos entre los que se encuentra «Vivir y sentir el patrimonio», la Dirección General de Innovación y Formación del Profesorado de la Consejería de Educación desarrolla la línea de trabajo de nombre «Vivir y sentir el flamenco».

A raíz de que el flamenco fuese incluido por la UNESCO dentro de la Lista Representativa del Patrimonio Inmaterial de la Humanidad el 16 de noviembre de 2010, se constituyó un grupo de trabajo para fomentar su conocimiento entre la población escolar. Este grupo de trabajo incluyó a docentes de primaria, secundaria y enseñanzas artísticas, así como artistas de reconocido prestigio en el papel de técnicos y especialistas, con el objetivo de determinar los materiales didácticos que se debían elaborar a partir de la experiencia en los centros educativos andaluces durante los últimos años. Un paso fundamental en el ámbito legislativo tuvo lugar con la publicación de la Orden de 7 de mayo de 2014 en el Boletín Oficial del Estado (BOE) el 28 de mayo de 2014, donde se establecieron diversas medidas para la inclusión del flamenco en el sistema educativo andaluz, entre las que se encuentran la creación del Portal Educativo del Flamenco dentro de la sede electrónica de la Consejería de Educación, el fomento de la inclusión del flamenco en la planificación de actividades extraescolares y complementarias de los centros educativos, la convocatoria de proyectos de investigación e innovación al mismo tiempo que los relacionados con la elaboración de materiales curriculares y recursos didácticos y la creación de los Premios Flamenco en el Aula, tanto en la modalidad de elaboración de materiales curriculares y recursos didácticos como en la modalidad de experiencias y buenas prácticas llevadas a cabo en los centros educativos.

Actualmente, el flamenco está incluido en Andalucía en los diseños curriculares de los contenidos de los libros de texto de educación primaria obligatoria y secundaria, del mismo modo que en la obligatoriedad de aparecer representado en las programaciones didácticas que se han de elaborar en los procesos de oposición docente en ambas etapas educativas. Además, recientemente se ha aprobado la Ley Andaluza del Flamenco para establecer un régimen jurídico que garantice su protección, conservación, difusión y conocimiento como bien social y patrimonio cultural inmaterial de Andalucía.

La Junta de Andalucía tiene un papel principal en la defensa del flamenco y en su capacidad de actuación para lograr su inclusión educativa, pero, hasta hace muy poco, su esfuerzo e interés para lograr este objetivo ha sido escaso e irregular.

Durante la Transición española y en el marco de la promulgación del Estatuto de Autonomía de Andalucía, el flamenco fue puesto en valor por su carácter identitario y cultural representativo de la población andaluza, por lo que se llevaron a cabo diferentes iniciativas para favorecer su inclusión educativa. Una vez conseguido el Estatuto de Autonomía de Andalucía y pasada la «moda» en el ámbito político e institucional de considerar al flamenco como un elemento representativo de la cultura andaluza, la Junta de Andalucía se desvinculó del objetivo de conseguir una inclusión efectiva del flamenco en el sistema educativo. Esto provocó que el asunto quedase durante las tres décadas posteriores en manos de la voluntariedad de docentes que, por iniciativa propia, quisiesen incorporar actividades relacionadas con el flamenco en sus programaciones didácticas.

La inclusión del flamenco en estas primeras etapas educativas ha significado un proceso muy lento donde el apoyo institucional ha sido intermitente. Se precisa una mayor implicación de la Junta de Andalucía en el apoyo económico necesario para realizar tareas relacionadas con la Investigación y la Didáctica, relacionadas con la creación de materiales y recursos (el esfuerzo individual voluntario y sin apoyo ni reconocimiento causa desmotivación y hastío en el profesorado que sigue intentando, a pesar de todo, apoyar el proceso de inclusión educativa del flamenco).

Al hecho de que las experiencias se circunscriban a la voluntariedad docente se le suma la infravaloración del flamenco en el propio país de origen –además, basada en prejuicios y estereotipos–, lo que dificulta en gran medida su inclusión educativa, donde debería estar presente al tratarse de una de las representaciones culturales más importantes de nuestro país. Es fundamental esta inclusión educativa del flamenco en las etapas de la educación primaria obligatoria y secundaria, por lo que significa su primer acercamiento a la gente más joven que, en el futuro, podrá apoyar procesos de difusión y mantenimiento del flamenco.

Hasta la publicación de la Orden en el año 2014, por la que la Consejería de Cultura de la Junta de Andalucía tomaba medidas para la inclusión del flamenco en el ámbito escolar, habían transcurrido tres décadas de trabajo y esfuerzo de muchas personas implicadas en esta labor de inclusión educativa del flamenco. Algunos docentes que han trabajado en este sentido –desde hace más de tres décadas– y que también han publicado obras basadas en actividades realizadas en sus propios centros educativos con el objetivo de apoyar esta iniciativa han sido: Calixto Sánchez Marín, Catalina León Benítez, José Luis Navarro García, José Cenizo Jiménez, Eulalia Pablo Lozano, Miguel López Castro, David Pino Illanes y Jerónimo Utrilla Almagro.

Dice Eulalia Pablo en su libro *Las didácticas del flamenco*:

> La inquietud y la decisión de llevar el flamenco a las aulas de los colegios andaluces nace en la Facultad de Ciencias de la Educación de Sevilla, en 1985, cuando se crea, en la entonces Escuela de Magisterio, el Seminario de Estudios Flamencos,

que dirige José Luis Navarro. Su primera actividad es organizar un curso, dirigido a enseñantes, con el objeto de prepararles para que puedan llevar el flamenco, con conocimiento y rigor, a sus propios alumnos. José Luis Navarro fue el organizador, Calixto Sánchez el maestro de maestros y Antonio Rodríguez Almodóvar, entonces Director General de Promoción Educativa de la Junta de Andalucía, la autoridad educativa que dio luz verde al proyecto. [...] Fue el primer paso de un largo recorrido (Pablo 2013: 9).

A partir de ahí, la Consejería de Educación asumió la organización de cursos de flamenco para enseñantes que se impartieron en los Centros del Profesorado (CEP). Estos fueron cursos y seminarios con una oferta esporádica y que han supuesto una formación limitada por cuestiones relativas al insuficiente número de horas formativas para interiorizar correctamente este tipo de aprendizaje; a ello se suma la desconexión entre unos cursos y otros en relación con la programación. Sin embargo, lo más importante, y la mayor limitación para integrar realmente contenidos sobre flamenco en el trabajo docente en las aulas, es el hecho de que estos cursos han supuesto una circunstancia aislada al margen de la formación inicial del profesorado en las facultades de Ciencias de la Educación.

Miguel López Castro (2004), en *Introducción al flamenco en el currículum escolar*, trabajo en el que hace la función de coordinador además de la de co-autor, dice:

> El profesorado no tiene los conocimientos suficientes que le den la confianza para emprender esta tarea y tampoco ha recibido ningún tipo de formación para ello. En las facultades de Ciencias de la Educación no se incluye el flamenco como una necesidad, así pues, en la formación inicial es inexistente. Con respecto a la formación que se puede adquirir los Centros de Profesorado, tampoco existe como algo importante y tan sólo podemos encontrar que de vez en cuando se imparte un curso que este objetivo. Se trata de cursos sin ningún tipo de planificación, inconexos y aislados, programados en función de que exista alguna demanda, que normalmente procede de un grupo de maestros/as aficionados/as que buscan aumentar sus conocimientos sobre flamenco, y algunas propuestas didácticas de cara a llevarlo a la escuela, pero de manera testimonial y aislada, sin pretensiones de continuidad ni una programación sólida para desarrollar en los diferentes niveles educativos (López 2004: 10).

A estas carencias se le añaden las limitaciones provocadas por los escasos materiales y recursos didácticos con los que cuenta el profesorado que decide incluir actividades de flamenco en sus programaciones. Hecho que, hoy en día, sigue siendo un gran obstáculo:

> Suponiendo que el profesorado tenga conocimientos e interés por el flamenco a la escuela, nos encontramos con un nuevo problema: no hay suficientes materiales

que permitan animarle a la aventura. Sí que existen diferentes materiales centrados en el conocimiento del flamenco, desde la información de los palos, el baile, la guitarra, y datos sobre su historia, los artistas, la métrica, las zonas de influencia, etc., pero son muy pocos materiales los que sirven como unidades didácticas de aplicación en el aula. No quiero que se entienda como material al modo del libro de texto, sino como unidades lo suficientemente abiertas como para que los/as docentes lo puedan utilizar adaptándolo a la realidad educativa que viven (López 2004: 10).

Otro inconveniente que ya hemos comentado, pero que Eulalia Pablo constata por escrito en uno de sus trabajos –y que sigue limitando la inclusión educativa del flamenco–, es que se ha puesto en manos de los docentes la decisión de incluir o no actividades en el aula relacionadas con el flamenco, es decir, todos estos años la inclusión del flamenco en las aulas ha dependido de la voluntariedad docente:

> Hay que decir que, a lo largo de estos años desde que se iniciase aquella primera andadura con el «I Curso de Iniciación al Cante Flamenco para Enseñantes», financiado por la Consejería de Educación de la Junta de Andalucía en 1985, y a pesar del apoyo recibido de la Consejería de Educación, el flamenco ha seguido dependiendo en gran parte de la «afición» y de la iniciativa personal del profesorado, que ha sido múltiple y variada, tanto en colegios de Primaria, institutos de Secundaria, Conservatorios y Universidades, pero evidentemente dista mucho de ser una decidida iniciativa institucional para la inclusión del flamenco en el sistema educativo andaluz (Pablo 2013: 17).

En este mismo sentido, opina Miguel López Castro (2004):

> Aunque los diseños curriculares plantean la necesidad de incluir el flamenco en la escuela, la realidad es que esto sólo sucede en contadas ocasiones, dependiendo esta situación del voluntarismo de pocos docentes que ya poseen un grado de conciencia y, las más de las ocasiones, una afición por él (López 2004: 10).

También ha hecho mella la infravaloración histórica en la que ha estado sumido el flamenco desde sus orígenes, a la que también hemos hecho referencia anteriormente:

> Desde el nacimiento de este fenómeno cultural y artístico que es el flamenco ha contado con detractores. Al principio ya la prensa y muchos intelectuales de la época se encargaron de atacarlo como algo «bajo», propio de «escoria» y «gentuza», porque se practicaba por las clases populares más humildes; siempre se relacionó con la delincuencia, la prostitución, etc. Hoy todo esto quedó atrás y ya se sabe que había mucho de exageración en estas acusaciones y mucho más de valores (López 2004: 9).

Esta visión de los detractores ha fomentado e institucionalizado el poco interés por llevar el flamenco a la escuela, siendo los prejuicios y estereotipos los que han dificultado su incorporación educativa:

> Así pues, nos encontramos que ni en las escuelas de magisterio y en los centros de profesores/as ni en las administraciones encontramos la convicción y el esfuerzo suficiente para impulsar una dinámica de crecimiento en las posibilidades de intervención en el aula. Estos dos inconvenientes se suman a la poca valoración que la sociedad tiene de la idea de llevar el flamenco a la escuela (López 2004: 11).

Catalina León Benítez (1992), en la presentación del libro de José Cenizo Jiménez (2009), habla también sobre estas reticencias por incluir el flamenco en el aula:

> Críticas que no hacen perder el objetivo, porque todos estábamos, y estamos, convencidos de pisar un camino necesario. –¿Qué pasa, que el flamenco va a ser algo académico? ¿Qué pasa, que va a perderse el «duende»? ¿Qué es esto de palmas en las clases? ¿Qué es esto si tú no eres gitano? ¿Flamenco, eso qué es, cómo se enseña? ¿No era cosa tan sólo de sentirlo? ¿Es que saber nos sirve para algo?– (Cenizo 2009: 14).

El autor de *Poética y didáctica del flamenco* habla sobre los obstáculos y dificultades para su incorporación en el aula en relación con cuestiones de horarios, de coordinación con el equipo docente para realizar un trabajo interdisciplinar y, también, por la reticencia que existe en parte del alumnado:

> Son muchas las dificultades que se nos presentan para llevar a buen término la didáctica del flamenco: trabas administrativas; problemas de horario; la dificultad de toda tarea interdisciplinar, para la que se pretende contar con el apoyo efectivo de compañeros de otras materias. Y lo peor: los alumnos, con escasas excepciones, están acostumbrados a escuchar otras músicas, generalmente anglosajonas, y el flamenco les parece, todavía, cosa de viejos, algo desprestigiado, oscuro, raro (Cenizo 2009: 23).

A pesar de todas estas trabas y dificultades, está totalmente justificada la necesidad de seguir trabajando y apoyando la inclusión educativa del flamenco. Dice López Castro (2004):

> Aun así, cuando medio mundo valora más que nosotros nuestra música, todavía no ha entrado en los conservatorios ni se ha extendido un tratamiento didáctico en las escuelas que permita al alumnado andaluz conocer uno de los fenómenos culturales más importantes de nuestra tierra. Es necesario y coherente llevarlo a las escuelas, porque supone encontrarse con las raíces de un pueblo y una cultura.

[...] En la medida en que la escuela debe ser un lugar de encuentro con la cultura, un lugar de reflexión sobre el conocimiento heredado, es necesario que el flamenco llegue a ella (López 2004: 9).

Idea que comparte Caty León (1992) en el prólogo de la obra de Pepe Cenizo (2009) al hablar de la música flamenca:

> Es muy bueno sentirla, pero es necesario conocerla. No debe darnos miedo. El saber no robará su misterio. No dejará de transportarnos ni de emocionarnos porque tengamos en la mano algunas claves que nos acompañen en el tránsito de esa música a nuestros oídos. Por eso tiene que existir la escuela que la lleve, todos los días si es posible, a los niños y los jóvenes de Andalucía (Cenizo 2009: 13).

Tanto los contenidos para trabajar como la propia metodología con la que se aborda el proceso de inclusión del flamenco en las aulas se conoce de manera general como «Didáctica del Flamenco». José Cenizo (2009) plantea la siguiente definición:

> La expresión «Didáctica del Flamenco» se aplica tanto a la enseñanza práctica de los cantes, toques y bailes del flamenco, labor que corresponde a las academias y a los profesionales artistas, como a la aproximación al mismo, partiendo de sus características musicales y literarias. Aquí nos referimos naturalmente a este segundo aspecto (Cenizo 2009: 23).

Eulalia Pablo (2013) incluye, además, en su definición, la vivencia y el disfrute por parte del alumnado de esta manifestación artística y cultural, al decir que debe tratarse de la «disciplina que sea capaz de proponer una teoría científica que dé respuesta a cómo debemos acercar el flamenco a nuestros alumnos para ayudarles a comprenderlo, disfrutarlo y vivirlo» (Pablo 2013: 19). El modo de acercarnos, según la autora, debe contemplar una perspectiva interdisciplinar «dirigida a su inclusión dentro de los contenidos que se ofertan en las distintas materias que componen el currículo de nuestros alumnos, con un carácter, por tanto, transversal» (Pablo 2013: 32).

La autora propone que esta labor se efectúe de un modo más programado y continuado que lo que se viene haciendo hasta ahora, donde el flamenco tiene una presencia residual al estar presente únicamente en las actividades de celebración de días específicos, como la efeméride correspondiente al Día de Andalucía del 28 de febrero, o al aparecer esporádicamente en alguna unidad didáctica de manera anecdótica:

> La presencia del flamenco en nuestros centros de enseñanza es en general un hecho aislado. En algunos colegios, por ejemplo, suele programarse una actividad relacionada con el flamenco con motivo de los actos que se celebran el

Día de Andalucía; abordarse de forma esporádica, como tema vertebrador de alguna actividad interdisciplinar relacionada con la cultura andaluza o como contenido específico de la misma, como contenido de una unidad didáctica. En cualquiera de los casos, es difícil dar una visión completa de esta manifestación artística. Nuestra propuesta está pensada para un desarrollo de mucha mayor duración, en la que el flamenco forme parte de la formación musical, cultural y artística del alumno (Pablo 2013: 23).

Igualmente, Cenizo (2009) aboga por la interdisciplinariedad y transversalidad entre asignaturas para integrarlo en las programaciones didácticas de la educación secundaria obligatoria:

Creemos que es posible incorporar el hecho flamenco a la programación. La riqueza del flamenco permite su estudio desde diversos ángulos: el musical en clase de Música o en actividades complementarias o extraescolares (recital en la semana cultural, por ejemplo, o visita a una Peña flamenca); el coreográfico en Educación Física o en Talleres de Danza y Expresión Corporal; y el literario, desde luego, permite, sobre todo en Lengua Castellana y Literatura, abordar aspectos métricos, estilísticos y temáticos. Los temáticos nos servirán para conocer realidades cuyo estudio pertenecería a Historia, Geografía, Religión, Ética, etc.

Más que crear una asignatura, optativa o similar, dedicada al flamenco, con todas sus consecuencias de exámenes, horarios, etc., consideramos que es más eficaz, más interesante y ameno incluir lo flamenco en la programación de cada materia o área (excepción hecha de Física, Química y alguna más) de manera más o menos extensa según aquella. Nuestra inclinación es hacia el enfoque interdisciplinar (Cenizo 2009: 23).

Sobre el modo de aproximarnos y afrontar el acercamiento al alumnado en relación con la elección de los estilos o palos más adecuados, basarnos en las cuestiones semánticas y de significado planteadas en los textos, centrarnos en el estudio de la métrica de las letras y en el compás musical, o disfrutar de la experiencia en vivo del flamenco, dice este autor:

Se discute sobre la conveniencia o no de iniciar al alumno en el flamenco con los estilos más duros (soleá, seguiriya, toná) o, por el contrario, adentrarlo en el mismo con el contacto con los estilos más dulces o rítmicos (colombianas, fandangos, alegrías, bulerías, etc.). Creemos que es difícil determinarlo con seguridad: depende probablemente del efecto que uno u otro contacto puede hacer en la sensibilidad de cada persona y de la predisposición previa que tenga. [...] En cualquier caso, el flamenco es preciso oírlo y verlo, vivirlo en directo, en vivo. No basta centrarse en el texto, en las letras. Es preciso siempre relacionar texto y música, letra y ritmo o compás, pues las letras del flamenco están hechas para ser cantadas. La asistencia a un recital de flamenco, la visita a una peña flamenca, el uso continuo de grabaciones audiovisuales es fundamental, la parte más viva de todo intento de didáctica del flamenco (Cenizo 2009: 24).

Ya sea enfocado de manera interdisciplinar, en base al trabajo por proyectos, en una etapa educativa u otra, la metodología debe ser lúdica para fomentar en el alumnado interés y motivación, nunca desgana y apatía:

> El enfoque lúdico debe estar íntimamente ligado a los objetivos de esta materia. El flamenco no debe ser interpretado por el niño como una asignatura en la que debe dedicar sus esfuerzos asimilar y memorizar unos contenidos. Desde el primer momento, el profesor debe presentarlo como una forma de disfrute personal y de enriquecimiento cultural (Pablo 2013: 42).

Así, el enfoque de las metodologías activas y participativas pueden abordarse, por ejemplo, trabajando los elementos rítmicos mediante la percusión corporal:

> El enfoque activo participativo es, en realidad la otra cara del enfoque lúdico. El flamenco debe ser una experiencia completa que el niño viva y disfrute participando en ella. [...] El cauce idóneo para propiciar la participación del alumno es el ritmo. [...] En este sentido, resultarían particularmente idóneos, como ya hemos apuntado al tratar la secuenciación de estilos, los tangos, las bulerías y los fandangos rítmicos (Pablo 2013: 43).

Podemos utilizar también referentes musicales para la juventud, como en su momento fue Camarón. Hoy en día, a través de ejemplos que nos alejan del flamenco clásico pero que, a través de las nuevas sonoridades, nos acercan al gusto adolescente, una gran variedad de artistas jóvenes tal vez pueda ayudarnos a iniciar esta labor de enseñanza-aprendizaje del flamenco:

> Hay, además, cantaores que han ejercido una poderosa atracción en nuestra juventud y que pueden constituir también por ello fuentes eficaces para de entrar al niño en esta cultura musical. Tal fue el caso de Camarón, al que no hace mucho la Junta de Andalucía le concedió la Llave de Oro del Cante Flamenco (Pablo 2013: 43).

Para enlazar este apartado con el siguiente, es conveniente recalcar que el enfoque globalizador –relacionado con la interdisciplinariedad y la transversalidad– es el que nos permite conectar el flamenco con la educación en valores:

> La teoría didáctica de cualquier materia recomienda un tratamiento globalizado. Y así creemos que debe de ser el que se dé al flamenco. Las posibilidades que éste ofrece para su globalización son múltiples, unas en función de sus letras y otras ligadas al contenido de otras materias (Pablo 2013: 46).

2.1. EDUCACIÓN EN VALORES A TRAVÉS DEL FLAMENCO

En la comunidad autónoma de Andalucía se han dado desde finales del siglo XX diversas experiencias en el ámbito de la coeducación en relación con la igualdad de género y la vertebración social, utilizando el arte flamenco como elemento para fomentar la justicia social. Este es el caso de Miguel López Castro (1995), que publicó *El Flamenco y los valores: una propuesta de trabajo escolar* y tiene entre sus objetivos el hacer reflexionar al alumnado sobre el problema del sexismo y la violencia machista a través de las letras de diferentes coplas flamencas. Unos años más tarde, en su tesis doctoral *La imagen de las mujeres en las coplas flamencas: análisis y propuestas didácticas* (2007), estudia los elementos culturales y sociales del flamenco y la construcción identitaria de lo andaluz para relacionarlo con el género y el patriarcado en cuanto a concepciones teóricas estereotipadas de relación entre los sexos. En esta línea relacionada con la función social de la música, el mismo autor participó igualmente en el *I Seminario Flamenco y Universidad* organizado por la Universidad de Córdoba, titulado «El Flamenco: compromiso social y político» (2009), donde presentó su ponencia «Experiencias del uso del flamenco como herramienta para tratar temas sociales en la escuela», bajo la idea de que el flamenco, como manifestación cultural, tiene desde sus orígenes un claro compromiso social y político.

Actualmente, algunas de las personas o entidades que trabajan en Andalucía apoyando esta función social de la música, utilizando el flamenco como herramienta para apoyar la inclusión de determinados colectivos desfavorecidos, son:

— José Galán (Sevilla), bailaor y director artístico de la compañía Flamenco Inclusivo, reconocido con un Premio de Honor en la VII Edición de los Premios Flamenco en el Aula de la Junta de Andalucía 2020/2021 por fomentar la inclusión de personas con diversidad funcional a través del flamenco.

— Sociedad San Vicente de Paúl (Córdoba), que, junto a la Cátedra de Flamencología de esta ciudad, realiza talleres con adolescentes en contextos desfavorecidos (como es el caso de la barriada del Polígono del Guadalquivir).

— Fundación Alalá, realizando Proyectos de Integración a través del Flamenco con menores en el Centro Cívico El Esqueleto del Polígono Sur (Sevilla) y en el barrio Estancia Barrera de Jerez de la Frontera (Cádiz).

— Cátedra de Flamencología de la Universidad de Málaga (UMA), que puso en marcha en el curso 2021/2022 la Escuela Social de Flamenco para llevar a cabo intervención con menores en la barriada de La Palma-Palmilla y en el asentamiento chabolista de Los Asperones.

— Fundación Secretariado Gitano (FSG), que, con el apoyo de artistas como Antonio Remache, Marina Carmona o Soleá Morente, llevan a cabo campañas de sensibilización a través de la música (tanto desde la perspectiva de género como del rechazo a la discriminación racial).

— Colectivos sociales como Flo 6X8, realizando actividades performativas con el objetivo de visibilizar a través del flamenco la desigualdad social creada por el capitalismo radical y el neoliberalismo, en beneficio de las entidades bancarias y en perjuicio de la ciudadanía.

— Artistas como Rocío Márquez, Rosario La Tremendita, Laura Vital, Lourdes Pastor, Mujer Klórica o Niño de Elche, que en las letras de sus composiciones musicales incluyen diferentes temáticas que son causa de conflicto en la sociedad.

Todas estas cuestiones relacionadas con la inclusión del flamenco en el ámbito educativo –valorando al mismo tiempo la capacidad de este arte para apoyar procesos de transformación social– se trataron en el *I Congreso Internacional de Educación y Flamenco. Transformación social a través del Patrimonio Cultural,* organizado por la Dirección General de Formación del Profesorado e Innovación Educativa de la Junta de Andalucía junto con la Universidad de Granada (UGR), celebrado en esta ciudad en noviembre de 2021 con cuatro líneas básicas de contenido: la divulgación del flamenco desde el ámbito universitario; la integración del flamenco en el currículo; el flamenco como herramienta educativa de transformación social; y la aportación educativa del flamenco profesional.

Dentro del ámbito educativo, el concepto de «educación en valores» hace referencia al trabajo en el aula de los elementos transversales del *curriculum* centrados en el respeto, la tolerancia, la no discriminación y en todo aquello relacionado con el fomento de unos valores acordes a una sociedad democrática, justa e igualitaria.

Eulalia Pablo (2013) explica de la siguiente manera el modo de conectar este tipo de enfoque de contenidos con el flamenco:

> Siendo el flamenco un arte mestizo, en el que se han fusionado gentes, culturas y músicas, ofrece un amplio marco desde el que se pueden trabajar principios básicos tales como el respeto por la diversidad cultural y étnica, la no discriminación por razones de sexo, raza, o credo, [...] la integración de personas con discapacidad y el respeto por el medio ambiente. Pensamos que son valores que ineludiblemente debemos trabajar (Pablo 2013: 33).

En el trabajo de Eulalia Pablo Lozano (2013) y en el de José Cenizo Jiménez (2009), a los que hemos hecho referencia, se muestran actividades y temáticas concretas para poder trabajar en el aula la cuestión de la educación en valores a través del flamenco. Sería positivo trabajar estos contenidos transversales no solo como algo anecdótico, sino que deberían integrarse con mayor presencia en el *curriculum* de las diferentes materias, tal y como dice López Castro (2004):

> Entendemos la escuela como un lugar donde se forman personas más que como un lugar donde se instruye para competir. Desde este punto de vista, los valores deben ocupar un puesto de importancia en el *curriculum* escolar. Como decíamos antes, desgraciadamente eso no es así y, aunque los valores figuren en los programas, documentos y declaraciones de intenciones, al final quedan como algo anecdótico, apartado de la práctica pedagógica cotidiana. El flamenco es un buen motivo para trabajarlos a conciencia (López 2004: 23).

El pedagogo e investigador entiende que el flamenco, como la manifestación cultural que es, refleja en algunos casos a la sociedad en el momento en el que sucede y tiene lugar la creación artística, pero aun así es positivo trabajar en el aula este tipo de contenidos a través del flamenco:

> Estos problemas no son exclusivos del flamenco y los podemos encontrar, junto con otros muchos, en la sociedad en la que vivimos; una sociedad belicosa, individualista, insolidaria, consumista, machista y deshumanizada. Los problemas que puede tener el mundo flamenco son pocos comparados con los de la propia sociedad en la que vive y solucionarlos será responsabilidad de la sociedad misma. Aun así, en este trabajo se cuida de que los primeros contactos que los niños y niñas tengan con el flamenco estén cargados de valores positivos. Valores de solidaridad, de defensa del medio ambiente, de sensibilización con problemas sociales, de defensa de valores ecológicos, no sexistas ni racistas, etcétera (López 2004: 22).

El trabajo realizado por este pedagogo ha estado centrado en los últimos treinta años en fomentar la inclusión del flamenco en el ámbito educativo, trabajando cuestiones relacionadas con sus aspectos musicales, históricos o literarios al mismo tiempo que como medio o herramienta para la transformación social. El flamenco, al ser una forma artística de comunicar emociones y sentimientos, tiene la capacidad de mostrar y expresar elementos que representan y reflejan a la sociedad. De este modo, desde una visión didáctica y pedagógica, podemos trabajar con el alumnado, a partir del análisis de letras de cantes flamencos, determinados elementos relacionados con la educación en valores, posibilitando su reflexión y su sensibilización sobre cuestiones fundamentales para la sociedad, como son la educación para la paz, la educación en igualdad y una educación basada en la solidaridad y en el respeto.

Las principales temáticas de las coplas flamencas son el amor y la reflexión filosófica desde una perspectiva personal individual. Asimismo, el compromiso social aparece en las coplas, aunque no de manera predominante, sino en algunos momentos concretos de la historia de nuestro país, como en el tardofranquismo en las voces de José Menese, Manuel Gerena, El Cabrero o Paco Moyano, o también en el presente con una actualización de las problemáticas sociales gracias a artistas como Rocío Márquez, Rosario La Tremendita, Laura Vital, Lourdes Pastor o Mujer Klórica.

Son muchas las posibilidades del trabajo en el aula con alumnado adolescente en relación con las letras flamencas, siendo positivo, en primer lugar, porque tratan temáticas universales y atemporales, por lo que se pueden encontrar puntos de unión con el alumnado adolescente; y, al mismo tiempo, se apoya así el proceso de inclusión educativa del flamenco.

Los elementos negativos que se expresan en algunas letras también sirven para trabajar con el alumnado desde la perspectiva de lo que no deberían imitar, dándole la vuelta al aprendizaje para poder sacarle partido a esa visión con objetivos pedagógicos. Estos elementos injustos que, en algunos casos, han expresado algunas letras flamencas, pueden ser utilizados igualmente como recurso didáctico en el aula con el objetivo de trabajar en relación con la educación en valores, al mostrar elementos que no son propios de una sociedad igualitaria.

En el caso del sexismo y el machismo, hoy en día se siguen manteniendo (aunque de manera minoritaria) en el repertorio de los cantes flamencos algunas letras que expresan contenidos intolerantes. Por un lado, se podría pensar que dejar de interpretar estas letras «clásicas» tiene un componente de prohibición y de censura. Por otro lado, tal vez sea simplemente una cuestión de respeto y de adaptación a una sociedad más justa y democrática que aquella que representa esos cantes, por lo que quizás sería conveniente que las personas que los interpretan actualmente dejasen de transmitir y perpetuar esos mensajes. En este sentido, sería positivo hacer una revisión del repertorio flamenco para, por un lado, actualizar las temáticas de interés y acercarlas a la juventud actual, y, por otro lado, dejar de perpetuar determinados mensajes e ideas anacrónicas e intolerantes realizando una tarea de cambio de esas letras, pero manteniendo las líneas melódicas de los cantes originales.

La música y, por ende, el flamenco, posee una gran capacidad para trabajar con el alumnado los elementos transversales del *curriculum*, como son los hechos, acontecimientos o hábitos que no son justos y que han tenido lugar de manera generalizada en el seno de nuestras sociedades y que, hoy en día, se siguen manteniendo en gran medida. Estos son la discriminación por sexo, por racialización o cultura; la exclusión de determinados colectivos desfavorecidos (personas con diversidad funcional, tercera edad, jóvenes y adolescentes en ambientes conflictivos, inmigración forzada); pobreza; acoso escolar; intolerancia y violencia generalizada; y la propia sostenibilidad del planeta en relación con la ecología y al medio ambiente.

De este modo, la música puede utilizarse en el aula como hilo conductor o medio desde el que se inicien diversas tareas en relación con la visibilización de determinados elementos injustos en nuestras sociedades, propulsando así actividades encaminadas a la reflexión por parte del alumnado para la sensibilización, primer paso en el ámbito educativo para lograr la transformación y el cambio de esos elementos que entendemos que deben cambiar o mejorar en el ámbito de nuestra sociedad.

Desde la asignatura de Música se trabajan normalmente tanto aspectos prácticos como teóricos de diferentes estilos musicales y distintas épocas. De este modo, se muestra a continuación tanto una propuesta metodológica para trabajar los contenidos transversales relacionados con la educación en valores a través del flamenco, como los materiales y recursos didácticos creados con el objetivo de apoyar el proceso de inclusión del flamenco en el ámbito educativo de la enseñanza secundaria obligatoria.

En este sentido, desde la parte práctica se han trabajado los diferentes ritmos y compases de los principales palos flamencos, englobados en: compás binario (Tangos, Rumba, Garrotín y Farruca); compás ternario (Fandangos y Sevillanas); y compás de amalgama (Soleá, Alegrías y Bulerías). En la parte teórica se ha trabajado tanto el desarrollo y la evolución (Historia del Flamenco) como los contextos actuales del flamenco, es decir, los ámbitos en los que se desarrolla normalmente y que están relacionados con su uso y función (espacios, tipo de público, características).

Como herramienta se ha utilizado un blog educativo propio que ha servido de apoyo fundamental tanto para mostrar los vídeos y tutoriales elaborados como los resultados del trabajo del alumnado, además de posibilitar sus propios comentarios y reflexiones (musicaflamencoyjusticiasocial.blogspot.com).

Respecto a los contenidos transversales relacionados con la educación en valores, los objetivos específicos de cada una de estas experiencias educativas son:
— Hacer reflexionar al alumnado en torno a los conceptos de tolerancia, respeto y sobre los principales problemas o hechos injustos que ocurren en el seno de nuestra sociedad, analizando la letra de un cante flamenco que nos muestra la necesidad de fijarnos en lo que ocurre a nuestro alrededor (prestando atención a aquellos elementos que no son justos y que, aunque sea desde nuestro limitado ámbito de actuación, podemos ayudar a cambiar para conseguir una sociedad más justa e igualitaria).
— Sensibilizar al alumnado sobre el grave problema y la cruel realidad que supone actualmente la violencia machista mediante el montaje audiovisual de una pieza musical que trata esta temática.
— Mostrar al alumnado la importancia de apoyar, a través del arte, la denuncia de actos que atentan contra los derechos humanos al mismo tiempo que se interpretan musicalmente en la época navideña villancicos cercanos a nuestra tradición cultural.
— Analizar los roles masculino y femenino en el flamenco, en relación con la división de tareas en un ámbito profesional reflejo de una sociedad patriarcal (interpretación de la guitarra flamenca).

— Apoyar el proceso de concienciación y sensibilización del alumnado contra la discriminación racial en términos generales, pero centrándonos en el caso de la población gitana tanto por su relación con el flamenco como por significar el grupo de minoría étnica con más presencia poblacional en España, y cuya situación de exclusión de varios siglos sigue actualmente sin solucionarse.

Las actividades que se muestran en el libro han sido reconocidas con el tercer premio en la modalidad de *Experiencias Educativas y Buenas Prácticas Docentes* de la VII Edición de los Premios Flamenco en el Aula (2021) de la Junta de Andalucía.

3.
CREACIÓN E INTERPRETACIÓN MUSICAL
(PARTE PRÁCTICA)

La parte práctica de la asignatura de Música en relación con la enseñanza-aprendizaje del flamenco se ha basado en aspectos rítmicos propios de los compases de los diferentes palos flamencos. Por otro lado, también en aspectos melódico-armónicos a través de la línea melódica de las Alegrías. Todo ello sin necesidad de tener que utilizar el lenguaje musical estandarizado basado en el solfeo, ya que por su complejidad produce rechazo en el alumnado adolescente de enseñanza secundaria obligatoria, a lo que se une el cada vez más escaso número de horas lectivas de la asignatura, que dificulta en gran medida su aprendizaje. Por estos motivos, se recomienda el uso de un lenguaje musical no convencional basado en sonidos onomatopéyicos y su representación gráfica en ciclos de compases donde se muestra la acentuación y el mecanismo de ejecución.

3.1. COMPÁS FLAMENCO

a) Objetivo

Desarrollar la psicomotricidad a través de la percusión corporal y elementos rítmicos propios del flamenco, aprendiendo de forma lúdica algunos de los ritmos característicos de los palos flamencos.

b) Presentación y explicación al alumnado

Una de las principales características de la música flamenca es su gran variedad y riqueza rítmica. Con los siguientes ejemplos podréis practicar diferentes esquemas rítmicos característicos de alguno de los compases fundamentales del flamenco. Nos referimos al compás binario de palos como los tangos, las rumbas, el garrotín o la farruca; el compás ternario de fandangos o sevillanas; y al compás de amalgama de palos como la soleá, las alegrías o las bulerías.

La complejidad rítmica de este arte permite que la persona que sea capaz de desarrollar la psicomotricidad necesaria para ejecutar los diferentes esquemas rítmicos flamencos y que domine esas estructuras no encuentre demasiadas dificultades en aplicarlas en otro tipo de géneros musicales.

Fijaos en que las estructuras rítmicas musicales de estilos o géneros musicales con mayor presencia a nivel global –como pueden ser el pop, el rock, el rap, trap o reggaetón– se basan en estructuras sencillas y básicas a nivel rítmico. No se trata de hacer una crítica estilística a ninguno de esos géneros, sino de constatar que la riqueza y complejidad rítmica del flamenco está por encima de estos estilos comúnmente cercanos a la ciudadanía global y, sobre todo, al público joven.

Desde aquí os animamos a ir un poco más allá y a valorar la dificultad y complejidad de otras músicas no tan cercanas a los gustos y modas globalizadas actualmente, enriqueciendo vuestro criterio musical como público y desarrollando vuestras habilidades y destrezas como intérpretes.

c) Propuesta metodológica

A la hora de poner en práctica en el aula los diferentes esquemas rítmicos (como plantillas-tarjetas o proyectados en la pizarra digital), es conveniente que, en primer lugar, se haga de manera individual mesa tras mesa. Esto hace que el alumnado sea consciente de su aprendizaje y la persona encargada de la docencia pueda corregir los errores de manera individual, mientras el resto escucha y a su vez va interiorizando el modo de realización de cada uno de los ritmos (además de evitar el excesivo ruido y caos provocado por 30 personas golpeando sus mesas simultáneamente sin un patrón rítmico).

Cuando se ha realizado de manera individual cada uno de los ritmos del NIVEL 1 o cada una de las diferentes partes del NIVEL 2 es momento de hacer dinámicas grupales entre filas de un lado u otro de la clase, o entre grupos si el alumnado está trabajando de manera cooperativa.

Todos los esquemas rítmicos pueden ponerse en práctica a través de las diferentes sonoridades producidas por la percusión corporal: desde los juegos rítmicos con manos, muslos, pecho y pies (ya sea sentados o en pie), golpes en la mesa con la mano abierta o con los nudillos, chasquidos con los dedos, palmas o diferentes instrumentos de percusión.

Las habilidades adquiridas en la ejecución técnica de estos ejercicios pueden ponerse en práctica más adelante acompañando musicalmente a algún instrumento (interpretado por profesorado y/o alumnado); acompañando grabaciones sonoras flamencas escogidas por el profesorado y que pertenezcan a algunos de los palos aprendidos rítmicamente; o incluso, utilizar estos patrones rítmicos para acompañar grabaciones sonoras de estilos musicales no flamencos, pero que utilicen ritmos binarios o ternarios, mostrando la idea de que más allá de los géneros o estilos la música utiliza un lenguaje universal.

d) Esquemas rítmicos

PERCUSIÓN CORPORAL FLAMENCA

(Esquemas rítmicos – NIVEL 1)

EJECUCIÓN TÉCNICA

Pie = marcar (no golpear) en el suelo con el pie
Palma = palmada (con diferente intensidad)
Muslo dcho. = palmada de la mano derecha en nuestro muslo derecho
Muslo izqdo. = palmada de la mano izquierda en nuestro muslo izquierdo
Md. mesa = golpe en la mesa con mano derecha
Mi. mesa = golpe en la mesa con mano izquierda

COMPÁS BINARIO
(*Tangos, Rumba, Garrotín, Farruca*)

4 COMPASES DE **4 TIEMPOS**
(3 compases iguales + 1 compás de cierre)

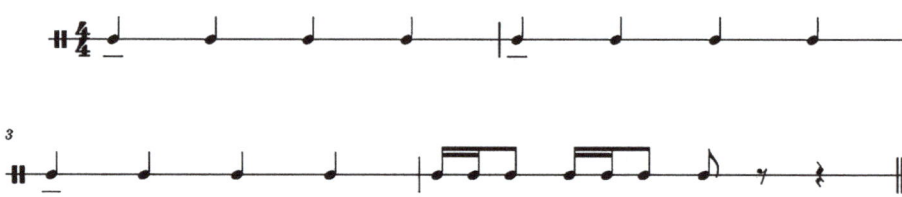

4 compases de 4 tiempos – **a) PERCUSIÓN CORPORAL CON PALMAS Y GOLPES EN MESA**

1	2	3	4	1	2	3	4
Md. mesa	**TÁ** Palma	**TA** Palma	**TA** Palma	Md. mesa	**TÁ** Palma	**TA** Palma	**TA** Palma
Md. mesa	**TÁ** Palma	**TA** Palma	**TA** Palma	**TÁ-TA-CA** Md. mesa + Md. mesa + Mi. mesa	**TÁ-TA-CA** Md. mesa + Md. mesa + Mi. mesa	**TÁ** Md. mesa	

4 compases de 4 tiempos – **b) PERCUSIÓN CORPORAL CON PALMAS, MUSLOS Y PIES EN EL SUELO (en sillas o de pie)**

1	2	3	4	1	2	3	4
Pie	**TÁ** Palma	**TA** Palma	**TA** Palma	Pie	**TÁ** Palma	**TA** Palma	**TA** Palma
Pie	**TÁ** Palma	**TA** Palma	**TA** Palma	**Pie** + Muslo dcho. + Muslo izqdo.	**Pie** + Muslo dcho. + Muslo izqdo.	**Pie**	

COMPÁS TERNARIO
(Fandangos y Sevillanas)

4 COMPASES DE 3 TIEMPOS
(3 compases iguales + 1 compás de cierre)

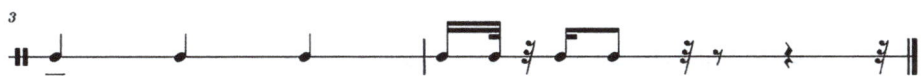

4 compases de 3 tiempos – **a) PERCUSIÓN CORPORAL CON PALMAS Y GOLPES EN MESA**

1	2	3	1	2	3
Md. mesa	**TÁ** Palma	TA Palma	Md. mesa	**TÁ** Palma	TA Palma
Md. mesa	**TÁ** Palma	TA Palma	**TÁ-TA-CA** Md. mesa + Md. mesa + Mi. mesa	**TÁ** Md. mesa	

4 compases de 3 tiempos – **b) PERCUSIÓN CORPORAL CON PALMAS, MUSLOS Y PIES EN EL SUELO (en sillas o de pie)**

1	2	3	1	2	3
Pie	**TÁ** Palma	TA Palma	Pie	**TÁ** Palma	TA Palma
Pie	**TÁ** Palma	TA Palma	**Pie** + Muslo dcho. + Muslo izqdo.	**Pie**	

COMPÁS DE AMALGAMA
(*Soleá, Alegrías y Bulerías*)

COMPASES DE **12 TIEMPOS**
(2 bloques de 6 tiempos)

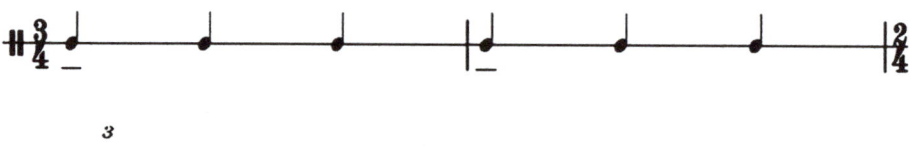

1 COMPÁS DE 12 TIEMPOS
a) PERCUSIÓN CORPORAL CON PALMAS Y GOLPES EN MESA

1	2	3	4	5	6	7	8	9	10	1´	2´
a)											
Md. en mesa	**TÁ** Palma	**TÁ** Palma	Md. en mesa	**TÁ** Palma	**TÁ** Palma	Md. en mesa	**TÁ** Palma	Md. en mesa	**TÁ** Palma	Md. en mesa	**TÁ** Palma

1 COMPÁS DE 12 TIEMPOS
b) PERCUSIÓN CORPORAL CON PALMAS Y PIES EN EL SUELO (en sillas o de pie)

1	2	3	4	5	6	7	8	9	10	1´	2´
b)											
Pie	**TÁ** Palma	**TÁ** Palma	Pie	**TÁ** Palma	**TÁ** Palma	Pie	**TÁ** Palma	Pie	**TÁ** Palma	Pie	**TÁ** Palma

PERCUSIÓN CORPORAL
FLAMENCA
(ESQUEMAS RÍTMICOS - NIVEL 2)

- COMPÁS BINARIO -
(Tangos, Rumba, Garrotín, Farruca)

5 CICLOS DE 4 COMPASES
DE 4 TIEMPOS
(estructura rítmica válida como
introducción previa al cante)

PRIMER CICLO de 4 compases a) PERCUSIÓN CORPORAL CON MANOS EN LA MESA

1	2	3	4	1	2	3	4
Md. mesa	Md. mesa	Md. mesa			Md. mesa	Md. mesa	Md. mesa
Md. mesa	Md. mesa	Md. mesa	Md. mesa + Md. mesa + Mi. mesa	Md. mesa + Md. mesa + Mi. mesa		Md. mesa	

SEGUNDO CICLO de 4 compases a) PERCUSIÓN CORPORAL CON MANOS EN LA MESA

1	2	3	4	1	2	3	4
	Md. mesa + Md. mesa + Mi. mesa	Md. mesa + Mi. mesa	Md. mesa		Md. mesa + Md. mesa + Mi. mesa	Md. mesa + Mi. mesa	Md. mesa
	Md. mesa + Md. mesa + Mi. mesa	Md. mesa + Mi. mesa	Md. mesa	(-) Mi. mesa	Md. mesa + Mi. Mesa	Md. mesa	

TERCER CICLO de 4 compases a) PERCUSIÓN CORPORAL CON MANOS EN LA MESA

1	2	3	4	1	2	3	4
Md. mesa + Mi. mesa	Md. mesa + Mi. mesa	Md. mesa + Mi. mesa	Md. mesa + Mi. mesa	Md. mesa + Mi. mesa	Md. mesa + Mi. mesa	Md. mesa + Mi. mesa	Md. mesa + Mi. mesa
Md. mesa + Mi. mesa	Md. mesa + Mi. mesa	Md. mesa + Mi. mesa	Md. mesa + Mi. mesa	(-) Mi. mesa	Md. mesa + Mi. mesa	Md. mesa	

CUARTO CICLO de 4 compases **a) PERCUSIÓN CORPORAL CON MANOS EN LA MESA**

1	2	3	4	1	2	3	4
Md. Mesa + Md. mesa + Mi. mesa	Md. mesa + Md. mesa + Mi. mesa	Md. mesa + Md. mesa + Mi. mesa	Md. mesa + Md. mesa + Mi. mesa	Md. mesa + Md. mesa + Mi. mesa	Md. mesa + Md. mesa + Mi. mesa	Md. mesa + Md. mesa + Mi. mesa	Md. mesa + Md. mesa + Mi. mesa
Md. Mesa + Md. mesa + Mi. mesa	Md. mesa + Md. mesa + Mi. mesa	Md. mesa + Md. mesa + Mi. mesa	Md. mesa + Md. mesa + Mi. mesa	Md. mesa + Mi. mesa	Md. mesa + Mi. mesa	Md. mesa	

QUINTO CICLO de 4 compases **a) PERCUSIÓN CORPORAL CON MANOS EN LA MESA**

1	2	3	4	1	2	3	4
	Md. mesa		Md. mesa	(-) Mi. mesa	Md. mesa + Mi. mesa	Md. mesa	
Md. Mesa + Md. mesa	Mi. mesa	Md. Mesa + Md. mesa	Mi. mesa	Md. Mesa + Md. mesa + Mi. Mesa	Md. Mesa + Md. mesa + Mi. mesa	Md. mesa	

ESQUEMA RÍTMICO
-COMPÁS DE AMALGAMA-
(*Soleá, Alegrías y Bulerías*)

4 COMPASES DE 12 TIEMPOS
(estructura rítmica válida como introducción previa al cante)

4 compases de 12 tiempos **a) PERCUSIÓN CORPORAL CON MANOS EN LA MESA**

1	2	3	4	5	6	7	8	9	10	1´	2´
		Md. mesa				Md. mesa	Md. mesa		Md. mesa		Md. mesa
		Md. mesa				Md. + Mi. mesa	Md. mesa		Md. + Mi. + Md. mesa		
Md. Mesa	Md. mesa	Md. mesa				Md. + Md. + Mi. mesa	Md. + Md. + Mi. mesa	Md. + Md. + Mi. mesa	Md. mesa		Md. + Mi. + Md. mesa
	Md. + Mi. + Md. + Mi. mesa	Md. + Mi. mesa				Md. mesa	Md. mesa		Md. + Mi. + Md. mesa		

3.2. CANTE POR ALEGRÍAS (MELODÍA)

a) Objetivo

Aplicar algunas de las líneas melódicas características de la Alegrías utilizando instrumentación Orff.

b) Presentación y explicación al alumnado

Para familiarizarnos con el flamenco y poder aprender algunas de las melodías de sus cantes más característicos, podemos utilizar algunos de los instrumentos de los que habitualmente disponemos en las aulas de música en los colegios e institutos: como son las flautas, los xilófonos y los metalófonos. De este modo, podremos llevar a cabo un primer acercamiento a las estructuras melódicas de algunos de los palos flamencos. En este caso, mostramos el ejemplo de un cante por alegrías, utilizando algunas de las letras inmortalizadas por el genio de la Isla de San Fernando, Camarón.

c) Propuesta metodológica

Para trabajar los aspectos melódico-armónicos de uno de los principales palos flamencos, las Alegrías de Cádiz, se ha optado por utilizar instrumentación presente de manera habitual en los centros educativos, como es el caso de los metalófonos. Del mismo modo, el alumnado podrá poner en práctica la línea melódica de las Alegrías con instrumentos musicales que habitualmente han tocado en el colegio o que tienen en sus casas (como son las flautas dulces, guitarras o teclados).

En primer lugar, se leerían las letras seleccionadas y se escucharía la interpretación hecha por Camarón de la salida del cante (*Tus ojillos negros,*01:08-01:20), la letra principal (*Un tiro al aire*, 03:50-04:18) y la letra de cierre (*Un tiro al aire*, 04:18-04:37).

Dependiendo del tiempo del que dispongamos se dedicará más o menos espacio en el aula para aprender las melodías, saliendo individualmente el alumnado para tocar el xilófono si solo se dispusiese de uno en el aula. Una opción es que la persona encargada de la docencia musical se grabase tocando las melodías propuestas (a modo de tutorial) y el alumnado podría así estudiar en casa practicando con el instrumento del que dispongan (flauta dulce, xilófono o metalófono, guitarra, teclado, etc.).

d) Plantillas con las letras del cante y sus notas musicales

SALIDA DEL CANTE
(característica de las Alegrías)

DO DO DO   LA   SI   SOL
Ti-ri-ti tran tran tran,
DO DO DO   LA   SI   SOL   FA
Ti-ri-ti tran tran tran tran.
DO RE MI FA   SOL   LA SOL DO
Ti-ri-ti tran tran tre-ro, ¡ay!
DO SI LA SOL   FA   MI   RE   DO
Ti-ri-ti tran, tran tran tran tran.

LETRA
(«*Un tiro al aire*», Camarón de la Isla)

MI   FA FA / MI FA MI RE DO
Que es-tás tan /des-co-lo-ri-da,
DO   RE   MI / MI   FA MI MI RE
quién te ha qui- / -tao a ti el co-lor.
RE   FA / RE   MI FA MI RE DO
Que es-tás / tan des-co-lo-ri-da,

DO RE MI   MI   / FA MI MI RE
Te lo qui-tó un / ma-ri-ne-ro,
RE   MI FA FA   / RE FA   MI   RE DO
que con pa-la- / -bri-tas de a-mo-or.

LETRA DE CIERRE
(«*Un tiro al aire*», Camarón de la Isla)

DO DO DO / LA SI SI   SI   SOL
Que y a los / ti-ti-ri-mun-dis,
DO DO DO / LA SI SOL   FA
que yo te / pa-go la en-trá.
SI   SI SI LA   SI /   SI   SOL   FA
Que si tu ma-re / no quie-re,
SOL   LA SOL LA   SOL FA MI
¡ay, qué di-rá, / qué di-rá!

MI   MI   FA SOL / LA SOL SOL
¡Ay, qué di-rá,/qué di-rá!
SOL   LA   SI   DO   MI   FA FA
¡Ay, qué ten-drá qué de-cir!
FA   FA FA FA   RE / DO MI DO
Que yo te quie-ro y / te a-do-ro,
DO SI   RE / SI   SI   LA SI DO
y que yo / me mue-ro por ti.

4.
CONTEXTO CULTURAL DE LA MÚSICA
(PARTE TEÓRICA)

A continuación, se muestran ejemplos de materiales y recursos de la parte relacionada con el conocimiento del flamenco desde su ámbito teórico, y en relación con el desarrollo y la evolución de este arte (lo que se conoce como historia del flamenco), acercándonos a la perspectiva de la justicia social, así como con los contextos actuales del flamenco, entre los que se enmarcan los diferentes ámbitos en los que se desarrolla normalmente, relacionados con su uso y función (espacios, tipo de público, características).

4.1. LAS ETAPAS DEL FLAMENCO DESDE LA PERSPECTIVA DE LA JUSTICIA SOCIAL

a) Objetivo

Conocer las principales etapas históricas en relación con el desarrollo y evolución del arte flamenco, relacionándolas a su vez con determinados elementos representativos de la justicia social.

b) Propuesta metodológica

Para trabajar en clase los contenidos relacionados con las diferentes etapas históricas del flamenco, el profesorado decidirá los recursos y las fuentes a utilizar: los propios libros de texto de la asignatura de Música en los que se ha incorporado información relativa al flamenco en la Comunidad Autónoma de Andalucía, completando la información a través de la amplia gama de posibilidades que actualmente tenemos a disposición (bibliografía especializada, páginas webs, etc.).

Para fomentar en el alumnado la autonomía, el autoaprendizaje y el uso de tecnología informática y audiovisual, al mismo tiempo que lleva a cabo un aprendizaje teórico de un modo lúdico, se puede proponer la composición de un montaje audiovisual en el que muestren los contenidos trabajados.

En el aula elaborarán el guion de la locución de la información seleccionada, grabarán los audios y realizarán los dibujos necesarios para el trabajo. En casa llevarán a cabo la edición audiovisual del trabajo empleando programas de edición de vídeo con los que el alumnado adolescente suele estar familiarizado en su uso a través de sus dispositivos móviles.

A continuación, se muestran algunas imágenes del proceso y el texto escrito por mí como profesor de la asignatura y que el alumnado utilizó para la realización de sus trabajos, donde se detallan las etapas del flamenco desde la perspectiva de la justicia social.

c) Imágenes del proceso de trabajo en el aula

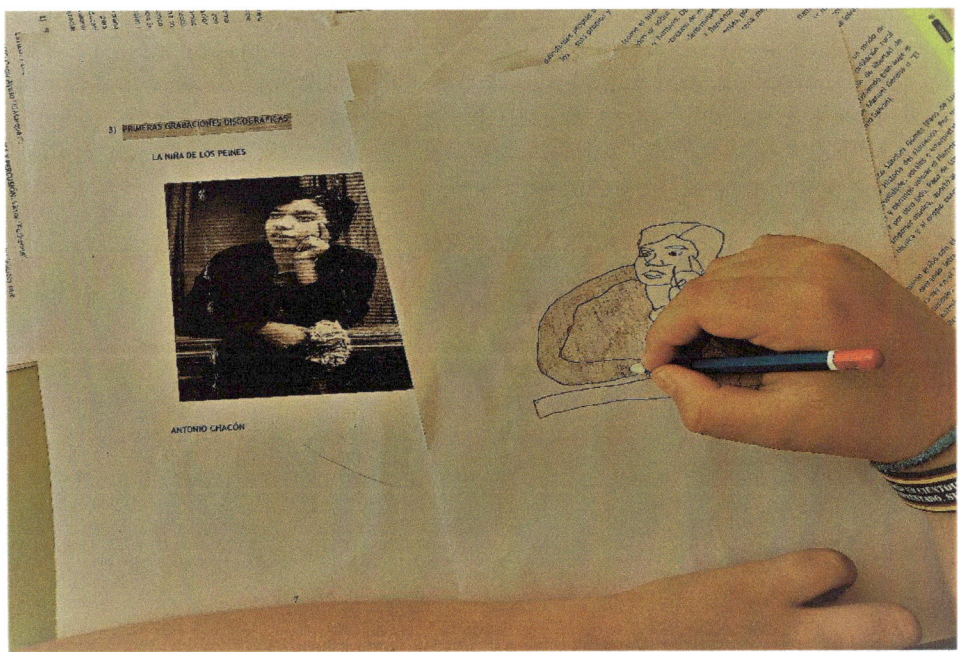

Figura 1. Trabajo del alumnado, *Historia del Flamenco*, Colegio Academia Santa Teresa, Málaga, 2019

Figura 2. Trabajo del alumnado, *Historia del Flamenco*, Colegio Academia Santa Teresa, Málaga, 2019

Figura 1. Trabajo del alumnado, *Historia del Flamenco*, Colegio Academia Santa Teresa, Málaga, 2019

d) Texto sobre las etapas del flamenco desde la perspectiva
de la justicia social, utilizado para el trabajo del alumnado

— **Origen cercano con posos lejanos**

Los antecedentes del flamenco los podemos encontrar en las tradiciones musicales y dancísticas de los pueblos y culturas que han habitado Andalucía durante siglos: desde los griegos de la Antigüedad; pasando por los visigodos, árabes, judíos, gitanos y castellanos durante la Edad Media; las danzas renacentistas y barrocas y la evolución de la guitarra española entre los siglos XVI y XVII; los bailes populares «pre-flamencos», como tonadillas, jotas, seguidillas o fandangos del siglo XVIII; hasta la verdadera conformación de «lo flamenco» como arte moderno a principios del siglo XIX.

Música y justicia social: El valor de la interculturalidad se representa en los propios orígenes del flamenco como unión de elementos musicales de tradiciones diferentes y en Andalucía como lugar en el que convivieron durante mucho tiempo una gran variedad de culturas (el concepto la interculturalidad supera al de multiculturalidad, ya que nos hace fijarnos en aquello que nos une más que en aquello que nos separa; así como en el hecho de convivir, más allá de coexistir. Esta idea también nos acerca al propio concepto musical de armonía, como unión de elementos diferentes pero acordes entre sí).

— **Conformación de «lo flamenco»: profesionalización**

Época de los «cafés cantantes» o «cafés de cante» (segunda mitad del siglo XIX y principios del siglo XX): el empresario y cantaor que creó el primer café cantante en Sevilla fue Silverio Franconetti, y dos de los cantaores más importantes de esta época fueron «El Planeta» y «El Fillo».

En estos lugares (tabernas nocturnas donde la gente podía comer y beber mientras asistían a los primeros espectáculos flamencos) se profesionalizó el arte flamenco. Fue en los cafés cantantes donde se separaron público y artistas (anteriormente, los primeros cantes, toques y bailes flamencos se realizaban en lugares y ambientes más íntimos, como las casas familiares o los patios de vecinos, donde todo el mundo era a su vez participante y espectador). En los cafés cantantes también se comenzaron a estructurar y conformar los palos flamencos tal y como hoy los conocemos (con partes concretas para la guitarra, otras para el baile y otras para el cante).

Los cafés cantantes fueron cerrados y prohibidos a principios del siglo XX por la estricta moralidad de la época que se justificaba en los frecuentes problemas causados por las personas que allí se reunían (alcoholismo, prostitución, peleas y asesinatos), comenzando la mala fama asociada al mundo flamenco que luego se perpetuaría por estar relacionado en esta época con el mundo nocturno y de la «mala vida».

Música y justicia social: por un lado, los valores constitucionalistas de libertad y autonomía frente al absolutismo en el caso de la guerra de la Independencia contra los franceses, donde lo español y lo popular tomó valor frente a lo elitista y afrancesado.

Por otro lado, el caso de la Taranta (estilo que pertenece a los denominados «cantes de las minas» y que surge entre Linares, Cartagena y Almería) como ejemplo de cante en el que los mineros expresaban las durísimas condiciones de vida de su profesión, por motivo de un trabajo mal pagado y muy peligroso.

— **Primeras grabaciones discográficas**

El invento del gramófono y las primeras grabaciones discográficas flamencas a principios del siglo XX dan lugar a un importante desarrollo y proliferación de cantaores y cantaoras, ya que permiten a los aficionados aprender los cantes usando las nuevas tecnologías de la época. El cante se deja de transmitir única y exclusivamente por tradición oral dentro del ámbito familiar (puesto que su música no se escribía en partituras), aparte de lograr una mayor difusión del arte flamenco y que, históricamente, esos registros sonoros supongan hoy en día una valiosa fuente de información del arte flamenco en esa época (las fuentes de información sobre el flamenco anteriores a las primeras grabaciones sonoras se basan en escritos literarios y dibujos de escritores y pintores del Romanticismo español y europeo).

Principales intérpretes: Manuel Torres, La Niña de los Peines y Antonio Chacón (CANTE); Ramón Montoya (TOQUE); Antonia Mercé «La argentina» (BAILE).

— **Concurso de cante jondo**

Organizado en Granada en 1922 por intelectuales y artistas con el compositor Manuel de Falla y el escritor Federico García Lorca entre otros, el concurso pretendía recuperar la esencia del verdadero cante flamenco, que, según los organizadores, se había perdido por la moda de las fiestas trasnochadas en la etapa de los cafés cantantes donde se había interpretado de manera habitual el flamenco. En el concurso no se permitió la participación de profesionales porque pensaban que el verdadero arte que querían encontrar no era el «fabricado» profesionalmente, sino el que de alguna manera existía de manera «mágica» y natural en la población andaluza (el premio de honor quedó desierto porque el flamenco ha sido siempre creación y recreación, donde los profesionales de esa época tuvieron una gran importancia en la conformación de lo flamenco).

— **Época teatral (1920-1950): la ópera flamenca**

Después del cierre y prohibición de los cafés cantantes se ponen de moda las compañías y las giras flamencas, dando más importancia al cante afiligranado y «operístico», donde el baile quedó reducido prácticamente a las fiestas privadas.

Principales intérpretes: Pepe Marchena, Juanito Valderrama (CANTE).

— **Renacimiento del flamenco (décadas de 1950 y 1960)**

En 1954 se edita la *Magna Antología del Cante Flamenco* de la discográfica Hispavox, lo que supone una recuperación de cantes y toques que en gran parte habían dejado de interpretarse después de la guerra Civil (hoy en día sigue siendo considerada una de las mejores recopilaciones de la historia del flamenco).

En 1955, Anselmo González Climent publica el libro *Flamencología*, donde recoge una visión histórica, social y musical de este arte.

Dos años más tarde, se celebra en Córdoba el Primer Concurso Nacional de Cante Flamenco, y que, a diferencia del concurso de 1922 en Granada, sí permitía la participación de profesionales. El concurso lo ganó el cantaor «gachó» (no gitano) de Puente Genil Antonio Fernández Díaz «Fosforito».

En 1963 se publica el libro *Mundo y formas del cante flamenco* del poeta Ricardo Molina y el cantaor Antonio Cruz García (más conocido como Antonio Mairena). En este libro se defiende la tesis de que el cante flamenco tiene su origen en el pueblo gitano, lo que inicia una larga discusión que llega hasta nuestros días sobre la cuestión racial del origen e interpretación del flamenco, asignando también determinados estilos al cante «gachó» (tarantas, malagueñas, fandangos) o gitano (bulerías, seguiriya, soleá).

La proliferación de los tablaos flamencos como espacios donde se interpretaba flamenco y donde se servían consumiciones (recordando de algún modo a los antiguos cafés cantantes) hizo que artistas de toda Andalucía fuesen a vivir a las grandes ciudades como Madrid donde estaba el público mayoritario y las casas discográficas, propiciando el definitivo auge del arte flamenco.

Principales intérpretes: Antonio Mairena, Manolo Caracol, la Paquera de Jerez, Bernarda y Fernanda de Utrera, Chocolate y Fosforito (CANTE) / Carmen Amaya, Antonio Gades, El Güito y Farruco (BAILE) / Niño Ricardo, Sabicas y Paco Cepero (TOQUE).

Música y justicia social: La cuestión de la pureza en términos raciales es una discusión que ha causado normalmente más problemas que beneficios. No se puede negar la importantísima participación del pueblo gitano tanto en el origen como en el desarrollo y evolución del flamenco, pero no se puede negar de igual modo que, entre las clases sociales bajas de Andalucía donde se originó el cante flamenco como expresión de emociones humanas y de las dificultades propias de la existencia, no había únicamente población gitana (otra cosa son los gustos propios y subjetivos de la interpretación de un tipo u otro de voz).

El flamenco trata temas universales (como el amor, la alegría, la pena, el desengaño o la muerte), y, por otro lado, el flamenco es sobre todo una expresión vital de esos sentimientos y emociones íntimas del ser humano. De este modo, la cuestión de la pureza debería centrarse en la verdadera expresión de esos sentimientos universales y no de mantenimiento y perpetuación de determinadas estructuras y formas musicales (no olvidemos que los antecedentes del flamenco se encuentran en la mezcla y fusión de culturas y tradiciones musicales diferentes, por lo que el concepto de «flamenco puro» no tiene demasiado sentido y tal vez sería mejor hablar de un «flamenco tradicional o clásico»).

Por otro lado, también se ha acusado en algunos momentos al flamenco de representar ideas machistas en algunas de sus letras. Desde aquí queremos mostrar nuestra idea de que no es el flamenco en sí el que es machista, sino que ha sido reflejo en algunos momentos de la propia sociedad patriarcal española (y el número de letras en proporción con ese tipo de contenidos es mínimo).

El flamenco también representó para muchos artistas en esta época un modo de expresión de las malas condiciones de vida de gran parte de la población rural española y un modo de reivindicar derechos sociales y el anhelo de libertad de conciencia e ideología en contraposición al régimen franquista (teniendo gran auge el flamenco como compromiso social y político en las voces de Manuel Gerena o «El Cabrero», y de José Menese con las letras de Francisco Moreno Galván).

— Internacionalización y primeras fusiones

José Monge Cruz (Camarón de la Isla) y Francisco Sánchez Gómez (Paco de Lucía) representan dos figuras fundamentales en la historia del flamenco. Por un lado, Camarón, además de aportar sus grandes cualidades vocales e interpretativas en el mundo del cante flamenco, dio a conocer y permitió valorar el flamenco y al pueblo gitano más allá de nuestras fronteras. Por otro lado, Paco de Lucía, además de su maestría a la hora de interpretar y componer música, aportó al mundo de la guitarra un nuevo campo en relación con la técnica y al propio concepto de armonía para la guitarra flamenca.

Innovación y fusión: Camarón grabó con el guitarrista Tomatito el disco de *La leyenda del tiempo* (1979), cantando letras del poeta granadino Federico García Lorca, e incorporó por primera vez en el ámbito de la música flamenca determinados instrumentos y elementos musicales no característicos del flamenco (como un bajo eléctrico, teclado eléctrico y batería), por lo que fue muy criticado en esos momentos por los flamencos más tradicionalistas. Por otro lado, Paco de Lucía, incorporó igualmente nuevos instrumentos en una formación musical con la que inició una larga temporada de giras y conciertos («El sexteto de Paco de Lucía»), como el bajo eléctrico (Carles Benavent), la flauta travesera (Jorge Pardo), los timbales o el cajón (este instrumento, que hoy en día se conoce como «caja» o «cajón

flamenco» es originario del Perú y el percusionista brasileño de Paco de Lucía –Rubem Dantas–, después de un concierto en Lima escuchando tocar
este instrumento a un músico peruano, adoptó sus posibilidades a las sonoridades flamencas, incorporándolo a partir de ahí al mundo del flamenco).

— **Época actual**

El camino que abrieron Paco de Lucía y Camarón con la experimentación
llevó a muchos artistas a combinar elementos musicales contemporáneos o
de otros estilos con la tradición flamenca. Desde el rock y el blues con Pata
Negra en la década de 1980; la salsa con Ketama en la de 1990; en la primera década del siglo XXI la música pop aflamencada con José el Francés o
Niña Pastori; el son cubano con Diego el Cigala; la música clásica con las
guitarras de Serranito, Cañizares, Manolo Sanlúcar o Vicente Amigo; y a finales de la segunda década del siglo XXI con la experimentación sonora de
Niño de Elche, Rosalía, Rocío Márquez o Rosario «La Tremendita».

A pesar de la multitud de creaciones artísticas que toman elementos del
flamenco para crear nuevas sonoridades, el flamenco «tradicional» goza de
muy buena salud y es una de las manifestaciones artísticas más valoradas
a nivel internacional (siendo sus ámbitos de actuación desde las peñas flamencas de los pueblos de provincias españolas hasta los grandes teatros de
las grandes capitales, tanto nacionales como extranjeras). El flamenco fue
reconocido el 16 de noviembre del año 2010 como Patrimonio Cultural Inmaterial de la Humanidad por la UNESCO y ha entrado en los últimos años
en el ámbito académico de los estudios de conservatorio de nuestro país,
que ofrecía únicamente estudios de «música clásica» (aunque su inclusión
todavía es mínima). Aunque se ha avanzado mucho en cuanto a reconocimiento y valoración de esta representación artística, todavía queda mucho
camino por recorrer.

Música y justicia social: Existen todavía muchos estereotipos y prejuicios en diferentes ámbitos y contextos en los que se considera al flamenco
como un arte de segunda categoría que no merece el estatus de estar incluido
dentro del ámbito educativo. Desde aquí no solo valoramos el flamenco como
un arte privilegiado de gran riqueza musical y complejidad rítmica, melódica
o armónica que hace que sea totalmente legítimo incorporarlo de una manera
efectiva en los estudios musicales de la educación primaria, secundaria, uni-
versitaria y de conservatorio. Se valora el flamenco también por su riqueza
histórica, antropológica y sociológica de representación de hábitos y formas
de vida, como expresión del patrimonio cultural andaluz y como expresión li-
teraria y artística de emociones y sentimientos humanos universales.

Además, es importante valorar las posibilidades del flamenco, y de la
música en general, como medio para trabajar dentro del aula diversos contenidos transversales en relación con la educación en valores como el respeto,

la tolerancia y la no discriminación, ya que es totalmente necesario apoyar desde la escuela el proceso de construcción de una sociedad democrática, solidaria e igualitaria.

4.2. ÁMBITOS Y CONTEXTOS DEL FLAMENCO

a) Objetivo

Conocer los principales contextos del flamenco, donde se enmarcan los diferentes ámbitos en los que se desarrolla normalmente y que están relacionados con su uso y función (espacios, tipo de público y características).

b) Propuesta metodológica

El alumnado leerá las siguientes características representativas de cada uno de los contextos y ámbitos en los que se ha interpretado tradicionalmente y se interpreta actualmente el flamenco (el profesorado seleccionará documentos audiovisuales que los ejemplifiquen) para reflexionar acerca de los usos y funciones de este tipo música en diferentes momentos históricos.

c) Características de los contextos y ámbitos del flamenco

— **El cuarto**

La cercanía producida en la intimidad del cuarto debida al estrecho contacto entre amigos o familiares que comparten y se expresan artísticamente, supone una experiencia privilegiada para sentir y vivir el flamenco.

Después de compartir comida y conversación, las mesas se retiran y se hace el hueco necesario únicamente para que quien cante, toque o baile se sienta cómodo o cómoda, pero sin mantener distancia con el resto de personas que, a su alrededor, participan jaleando y animando, creándose un ambiente único y especial. La persona encargada de hacer los cantes va eligiendo estos en función tanto de su propio estado anímico como el del ambiente generado entre los asistentes, eligiendo tanto los estilos como las letras cantadas de una manera más «natural» o «improvisada» que en otros espacios o ámbitos más profesionalizados.

— **Los patios de vecinos**

Los patios de vecinos permitieron durante muchos años compartir y expresar a través del flamenco a amigos y familiares fuera de las cuatro paredes de pequeños hogares limitados por el espacio. En las puertas de sus propias casas, en esos patios que eran espacio común de convivencia, la interacción entre todas las personas y la participación a través del cante, el baile o el toque era algo común, caracterizándose este ámbito y contexto por una vivencia cercana y compartida del flamenco.

— **Las peñas**

Las peñas flamencas han tenido siempre entre sus principales objetivos el mantenimiento y la difusión de este arte, posibilitando la opción a los aficionados y peñistas de disfrutar el flamenco en vivo y en directo. En las peñas no solo ponen en práctica sus cualidades artísticas los aficionados, juntándose para tocar o cantar, sino que suelen «actuar» también artistas profesionales, pero en un contexto que se asemeja más al de la intimidad de «los cuartos», donde no es tan palpable esa separación física y la diferencia entre público y artistas.

— **Las salas y restaurantes**

La profesionalización del flamenco hace que este sea un espectáculo presente en multitud de locales de pequeño y mediano tamaño en los que se puede tomar algo de comer o de beber en pequeñas mesas, u otros donde el público está de pie y solo consumen bebidas adquiridas en la barra mientras se disfruta del espectáculo (salas). Por otro lado, también hay espacios en los que la actividad habitual está relacionada con la hostelería y la restauración (restaurantes) pero donde al finalizar las cenas se ofrece un espectáculo flamenco. Este tipo de espacios está habitualmente enfocado al público extranjero.

— **Las academias de baile**

Las academias de baile flamenco suelen ofrecer un certamen a final de curso a modo de festival donde las familias del alumnado puedan asistir a disfrutar del flamenco al mismo tiempo que comprueban los avances en el aprendizaje de sus hijos e hijas en esta modalidad de la danza. Por otro lado, para el alumnado supone un primer acercamiento al mundo profesional y de la puesta en escena en un escenario.

— **Las compañías de danza**

Las compañías de danza representan un máximo nivel en la profesionalización del flamenco, puesto que su puesta en escena se realiza en grandes espacios (teatros) y requiere no solo de la participación de artistas profesionales en los diferentes ámbitos (músicos de distintas especialidades instrumentales, varios cantaores/as y bailaores/as), sino también del trabajo de profesionales como técnicos de sonido, iluminación o relacionados con el diseño de vestuario. Su puesta en escena deja poco espacio para la «improvisación» y todo el espectáculo se rige bajo parámetros controlados y estudiados en muchas horas de ensayo y preparación de ese producto final.

5.
FLAMENCO TRANSVERSAL E INTERDISCIPLINAR (FLAMENCO Y EDUCACIÓN EN VALORES)

Tal y como hemos dicho anteriormente, la música y, por ende, el flamenco, posee una gran capacidad para trabajar con el alumnado los elementos transversales del *curriculum*, como son los acontecimientos o hábitos que no son justos y que han tenido lugar de manera generalizada en el seno de nuestras sociedades y que hoy en día se siguen manteniendo en gran medida. Estos nos remiten a la discriminación sexual, racial o cultural; a la intolerancia y a la violencia generalizada; pero también, a la ecología y al medioambiente.

Con el fin de aunar el flamenco y los elementos transversales del *curriculum* conocidos generalmente como «educación en valores», además de crear diferentes materiales y recursos didácticos para trabajar con el alumnado, se han desarrollado diferentes actividades y experiencias educativas.

Para poder organizar el trabajo a lo largo del curso se ha optado por relacionar estas actividades y dinámicas con algunas efemérides que se celebran a lo largo de un año lectivo, como son:
— 16 de noviembre: **Día Internacional para la Tolerancia y Día del Flamenco en Andalucía** (*«Flamenco, respeto y tolerancia»* y *«Mira y Camina»*).
— 25 de noviembre: **Día Internacional de la Eliminación de la Violencia contra las mujeres** (*«Ángeles de alas caídas»*).
— 10 de diciembre: **Día Internacional de los Derechos Humanos y celebración de la Navidad escolar** (*«Villancicos flamencos»*).
— 8 de marzo: **Día Internacional de la Mujer** (*«Flamencas»*).
— 8 de abril: **Día Internacional del Pueblo Gitano** (*«El alma no tiene color»*).

Algunas de las actividades que se muestran han sido publicadas en la revista *Sinfonía Virtual* con el título «Aporte metodológico del concepto de Música

para la Justicia Social en la inclusión educativa del flamenco en la Educación Secundaria Obligatoria (ESO)». El resto de actividades han sido reconocidas con el
tercer premio en la modalidad de «Experiencias Educativas y Buenas Prácticas
Docentes» de la VII Edición Premios Flamenco en el Aula (2021) de la Junta de
Andalucía y publicadas de manera resumida en la revista *Andalucía Educativa* de
la Consejería de Educación y Deporte, conformando la ponencia realizada en el
marco del I Congreso Internacional de Educación y Flamenco: Transformación Social a través del Patrimonio Cultural, celebrado en Granada después de la entrega
de los premios del 16 de noviembre de 2021, Día del Flamenco en Andalucía.

5.1. DÍA DEL FLAMENCO EN ANDALUCÍA Y DÍA INTERNACIONAL PARA LA TOLERANCIA (16N)

Para comenzar a trabajar con el alumnado los elementos transversales del *curriculum* al mismo tiempo que trabajamos aspectos relacionados con el flamenco,
podemos utilizar el día 16 de noviembre en el que coincide el Día Internacional para la Tolerancia con el Día del Flamenco en Andalucía. A continuación, se
muestran los recursos y materiales utilizados tanto para un primer acercamiento
al tema donde el alumnado reflexiona sobre los principales elementos injustos
y que son causa de conflicto en nuestras sociedades, como en una segunda fase
de trabajo en el aula donde el alumnado realiza un trabajo cooperativo en relación con dos cantes-toques de composición e interpretación propia a la guitarra
(Tientos-Tangos y Soleá por Bulería) cuyas letras, de creación propia, muestran
la necesidad de fijarnos en lo que ocurre a nuestro alrededor para tomar partido
a favor de un cambio positivo, valorando nuestra capacidad de aportar y mejorar
a nivel global aunque sea desde nuestro ámbito individual (en el Anexo se encuentran las partituras).

5.1.1. Flamenco, respeto y tolerancia

a) Objetivo

Sensibilizar al alumnado sobre los principales problemas o hechos injustos que
ocurren en el seno de nuestra sociedad, al mismo tiempo que se les empodera
al otorgarles la capacidad de opinar al dar importancia a sus propias percepciones y valoraciones.

b) Propuesta metodológica

Para abordar de manera específica el tema en relación con la tolerancia hemos se-
guido varios pasos. La dinámica de clase consistió en dar al alumnado un margen
de tiempo para reflexionar y escribir de manera individual para después debatir

de manera grupal, identificando en primer lugar los principales conflictos, problemas o situaciones injustas con mayor presencia en nuestra sociedad. Desde el ámbito general mundial hasta el caso español, pasando por el ámbito específico de «su mundo», el educativo. En la pizarra se recopilaron los principales conflictos o situaciones injustas detectadas por el alumnado de este grupo de 1.º de ESO (11-12 años):

— A nivel mundial: «*Bullying*, machismo, racismo, prejuicios, delincuencia, guerra, pobreza, explotación humana, deforestación, violaciones, poco tiempo que están en la cárcel algunos delincuentes, discriminación a la gente LGTBIQ, la cantidad de contaminación, desigualdades sociales, discriminación, la cantidad de gente en paro, la violencia de género, *sexting* (envío de información sexual explícita sobre hombres y mujeres a través de medios tecnológicos), homofobia, dictadura, ciberacoso, el hambre, desempleo, política, el dinero, desigualdad de género, diferentes culturas, el acoso, la gente que desaparece».

— A nivel español: «Homofobia, machismo, racismo, *bullying*, maltrato, la falta de respeto, política, desigualdad social, *sexting*, violencia de género, ciberacoso, pedofilia, desapariciones, inmigración, los independentistas, que los yihadistas no sean enviados a su país de origen cuando cometan alguna infracción, los inmigrantes que huyen de la guerra en África, el acoso».

— A nivel académico-escolar: «*Bullying*, maltrato, falta de respeto, que se excluya a la gente por ser diferente, humillaciones, racismo, amenazas, cuidar el material, las niñas no pueden ir al colegio en algunos países, profesores acosan a menores, ciberacoso, homofobia».

A partir de aquí se hizo el esfuerzo por concretar el propio significado de los conceptos de «Tolerancia» y «Respeto». Algunas de las respuestas del alumnado son las siguientes:

Respeto: no lo tengo claro. Pero sé lo que es y no sé cómo explicarlo. Tolerancia: no lo sé.

Tolerancia: es la paciencia que tiene una persona hacia otra. Como cuando un profesor trata de explicar lo que ya ha explicado veinte veces y su clase no lo entiende. Respeto: es cuando un compañero dice una burrada y en vez de insultarlo le ayudas a entender la lección.

La tolerancia es mantener el respeto con alguien con el cual no estamos de acuerdo. El respeto es una característica básica para llevarse bien con los demás y hacer amigos.

Para mí la tolerancia y el respeto están relacionados ya que: la tolerancia es la cualidad de saber respetar a los demás y de aceptar distintas opiniones, aunque no sean las mismas que las tuyas, y el respeto es saber que, aunque alguna opinión no sea la misma que la tuya, no tiene por qué no ser válida.

Además del Día Internacional para la Tolerancia, el 16 de noviembre se celebra en Andalucía desde el año 2010 el Día del Flamenco, fecha en que la UNESCO lo incluyó en la Lista Representativa del Patrimonio Cultural Inmaterial de la Humanidad. La realidad es que el flamenco no representa únicamente una variada expresión artística basada en la unión de baile, toque y cante con una gran riqueza rítmica, melódica o armónica. Tampoco representa únicamente una gran capacidad expresiva muestra del mundo interior de la persona y de los sentimientos y emociones humanas más profundas, de lo «jondo». Sino que se muestra también desde sus propios orígenes como un ejemplo de unión de elementos diferentes, de fusión de expresiones culturales y artísticas diferentes, muestra y resultado de la convivencia de las culturas que habitaron Andalucía durante siglos: árabes, judíos, castellanos, gitanos y no gitanos. En definitiva, el flamenco podría considerarse ya en sus orígenes un ejemplo de tolerancia, en relación con el propio concepto musical de armonía como unión de elementos diferentes pero acordes entre sí.

Por estos motivos, este día 16 de noviembre representa una gran oportunidad para trabajar en el aula elementos relacionados con el flamenco al mismo tiempo que nos acercamos a los elementos transversales relacionados con lo que se conoce como «educación en valores».

c) Imágenes de las reflexiones del alumnado

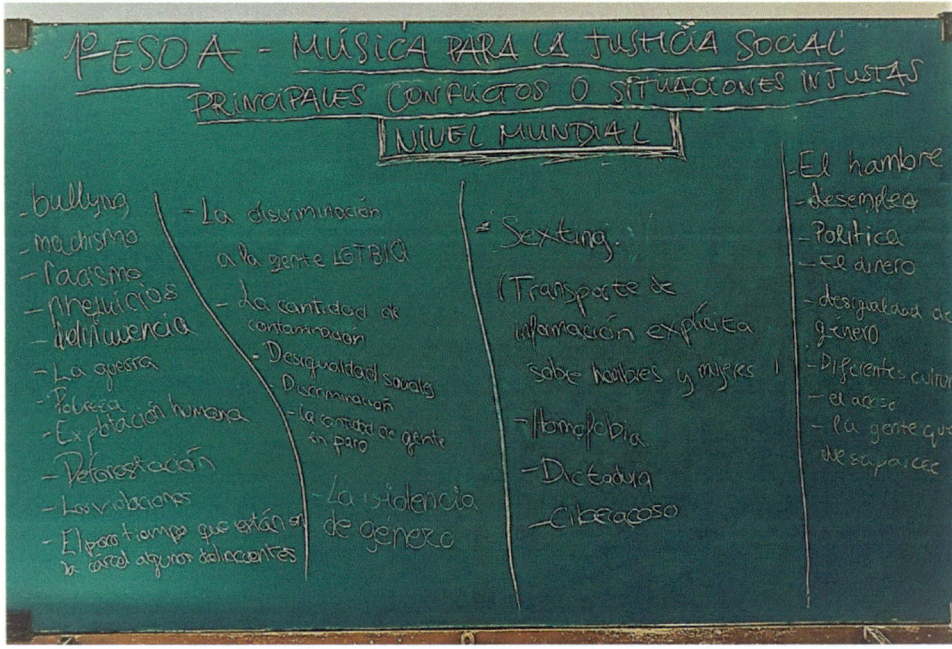

Figura 4. Trabajo del alumnado, *Principales conflictos en la sociedad*, Colegio Academia Santa Teresa, Málaga, 2019

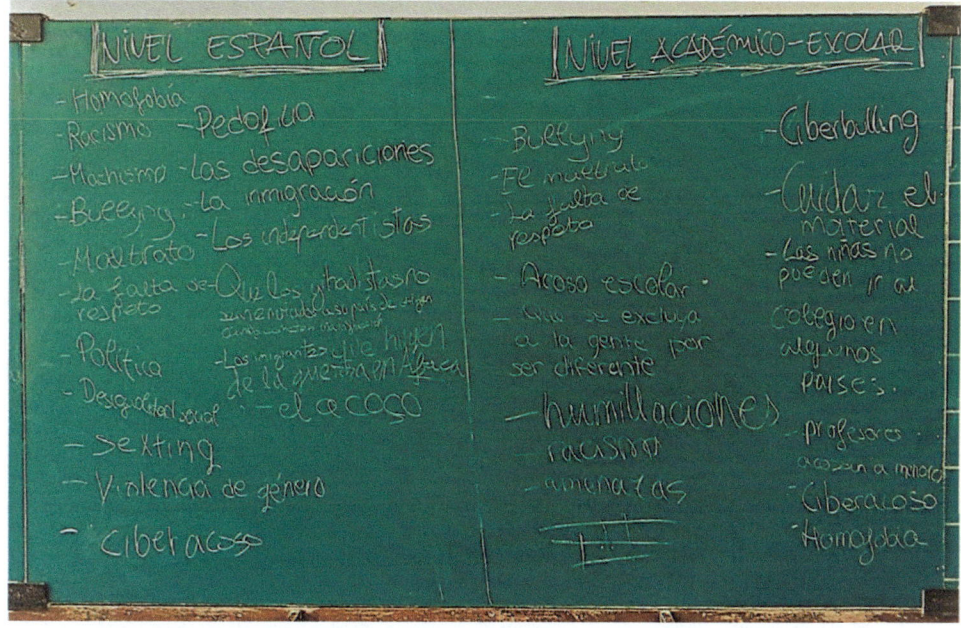

Figura 5. Trabajo del alumnado, *Principales conflictos en la sociedad*, Colegio Academia
Santa Teresa, Málaga, 2019

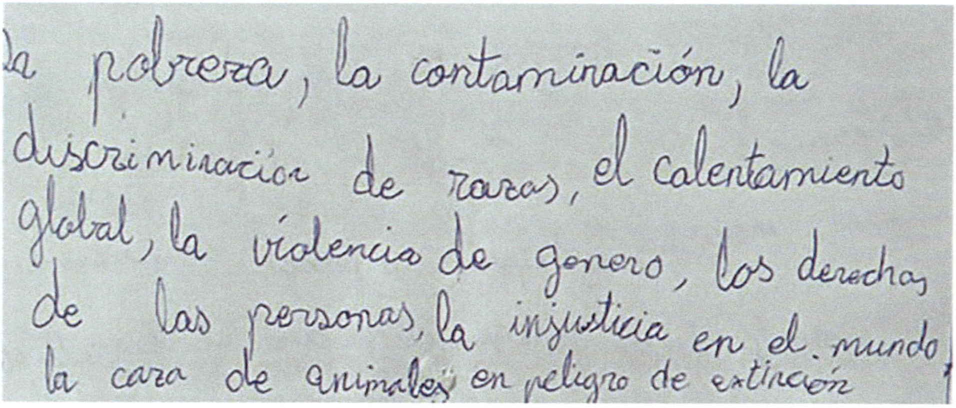

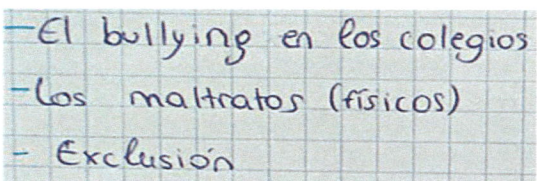

Figura 6. Trabajo del alumnado, *Principales conflictos en la sociedad*, Colegio Academia
Santa Teresa, Málaga, 2019

Figura 7. Trabajo del alumnado, *Principales conflictos en la sociedad*, Colegio Academia
Santa Teresa, Málaga, 2019

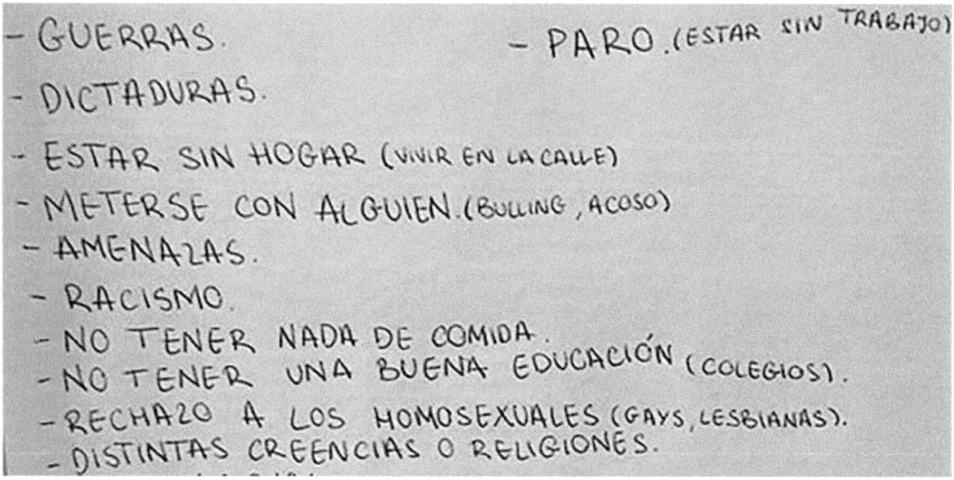

- GUERRAS.
- PARO. (ESTAR SIN TRABAJO)
- DICTADURAS.
- ESTAR SIN HOGAR (VIVIR EN LA CALLE)
- METERSE CON ALGUIEN. (BULLING, ACOSO)
- AMENAZAS.
- RACISMO.
- NO TENER NADA DE COMIDA.
- NO TENER UNA BUENA EDUCACIÓN (COLEGIOS).
- RECHAZO A LOS HOMOSEXUALES (GAYS, LESBIANAS).
- DISTINTAS CREENCIAS O RELIGIONES.

Figura 8. Trabajo del alumnado, *Principales conflictos en la sociedad*, Colegio Academia Santa Teresa, Málaga, 2019

Tolerancia: No lo tengo muy claro
Respeto: Tratar a las personas como nos gustaría que nos trataran a nosotros.

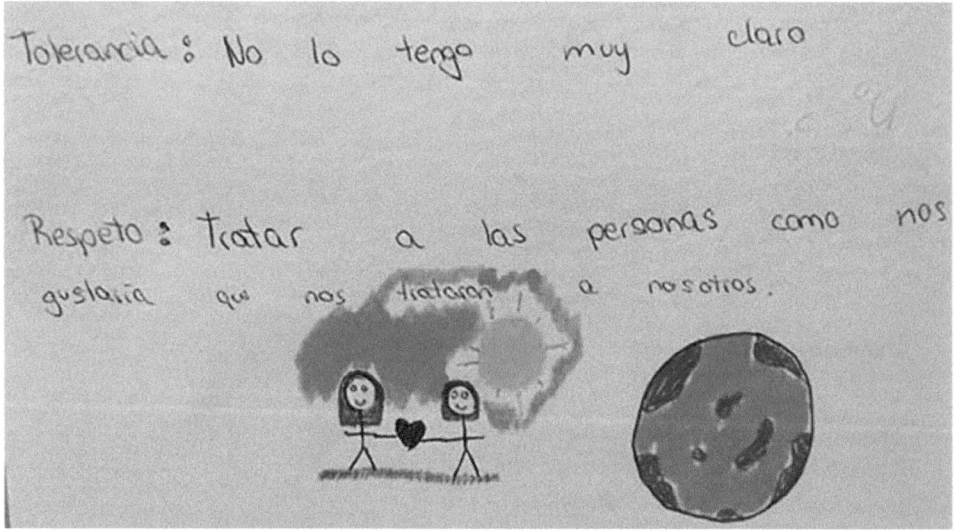

Figura 9. Trabajo del alumnado, *Respeto y Tolerancia*, Colegio Academia Santa Teresa, Málaga, 2019

Figura 10. Trabajo del alumnado, *Respeto y Tolerancia*, Colegio Academia Santa Teresa,
Málaga, 2019

Figura 11. Trabajo del alumnado, *Respeto y Tolerancia*, Colegio Academia Santa Teresa,
Málaga, 2019

5.1.2. *Mira* y *Camina*

a) Objetivo

Acercarse y familiarizarse con elementos rítmicos, melódicos y armónicos de palos como los tientos, los tangos y la soleá por bulería, al mismo tiempo que se valora la capacidad de las letras en la música para transmitir ideas y valores.

b) Propuesta metodológica

Un musicograma es la representación visual de aquello que está sonando. En este caso, se ha utilizado una música compuesta e interpretada por el profesor de la asignatura de Música, pero se puede seleccionar una grabación sonora que igualmente trasmita un mensaje positivo y los valores que queramos trabajar con el alumnado.

Se pondrá la letra en la pizarra (digital o tradicional) y el alumnado realizará dibujos, trabajando en grupos cooperativos para representar en imágenes lo que se expresa en la letra de la música. Escucharán esos cantes mientras dibujan, además de otros audios seleccionados por el profesorado para ambientar, mostrando a su vez otros ejemplos de esos mismos palos que están trabajando. En casa llevarán a cabo la edición audiovisual del trabajo (fotografiando los dibujos e incluyendo el audio) con programas de edición de vídeo con los que el alumnado adolescente suele estar familiarizado en su uso a través de sus dispositivos móviles.

De manera paralela, se puede proponer al alumnado un ejercicio de reflexión individual escrita sobre la temática que está tratando la letra del cante, para poner en común después ante la clase las diferentes opiniones y valoraciones. Es un modo eficaz para trabajar los contenidos transversales del *curriculum* que fomenten la tolerancia, el respeto y la no discriminación.

c) Letra de *Mira* e imágenes del trabajo del alumnado

ESTILO: Tientos-Tangos.
    CANTE: Óscar Ayuso «El Marqués».
    LETRA, GUITARRA y FLAUTA: Víctor «Pucherete».
    JUSTIFICACIÓN: la letra nos muestra la necesidad de fijarnos en lo que ocurre a nuestro alrededor, prestando atención en aquellos elementos que no son justos y que, aunque sea desde nuestro limitado ámbito de actuación, podemos ayudar a cambiarlos para conseguir una sociedad más justa e igualitaria.

> Mira, solo mira... Cuántas cosas que cambiar, cosas que no van conmigo.
> Cuántas cosas que cambiar, cosas que no van contigo.
> Son las penas y el dolor, de todas esas personas

que entre lloros y lamentos sobrellevan sus duquelas[1].

Y si solo una mirada, pura y limpia de malicia pudiesen ver nuestros ojos, veríamos nuestro mundo libre de toda injusticia.

Solo mira, solo mira... Cosas que no van conmigo,

cuántas cosas que cambiar, cosas que no van contigo.

Y aunque no es del todo cierto que no vaya con nosotros, debemos hacer lo nuestro para mejorar el mundo, debemos hacer lo nuestro y hacerlo un lugar más justo.

Solo mira... Cosas que no van conmigo, cuántas cosas que cambiar,

cosas que no van contigo.

Solo mira... Te darás cuenta de esto para no quedarte ahí,

y a tu modo transformar todas las cositas malas que en el mundo han de sobrar.

Solo mira, solo mira... Cosas que no van conmigo, cuántas cosas que cambiar, cosas que no van contigo.

Figura 12. Trabajo del alumnado, *Musicograma «Mira»*, Colegio Academia Santa Teresa, Málaga, 2019

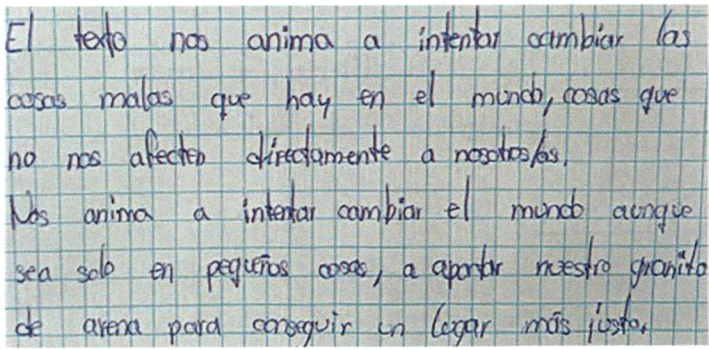

Figura 13. Trabajo del alumnado, *Musicograma «Mira»*, Colegio Academia Santa Teresa, Málaga, 2019

---

1. Duquelas: en lengua caló o romaní (de los gitanos residentes en España) significa preocupaciones, penas, dolores o fatigas.

Figura 14. Trabajo del alumnado, *Musicograma «Mira»*, Colegio Academia Santa Teresa, Málaga, 2019

Me parece que es un texto que tendríamos que
tener más en cuenta ya que tendríamos que
ser más conscientes de aquellas cosas que hacemos
mal para corregirlas y aportar nuestro granito de
arena para hacer un mundo más justo y
a sus habitantes más felices.

Figura 15. Trabajo del alumnado, *Musicograma «Mira»*, Colegio Academia Santa Teresa, Málaga, 2019

Este texto me parece que lo que quiere, decir es que, hay muchas cosas en este mundo que hay que cambiar solo hace falta mirar a
nuestro alrededor. Son cosas que a lo mejor no nos influyen a nosotros, son cosas importantes, que no son para que nos quede-
mos de brazos cruzados debemos de actuar ayudando a los demás.
Que también con obras pequeñas podemos hacer grandes cosas.

Figura 16. Trabajo del alumnado, *Musicograma «Mira»*, Colegio Academia Santa Teresa, Málaga, 2019

Cuántas
cosas
QUE
Cambiar.
cosas
QUE
NO
VAN
CONMIGO
CONTIGO

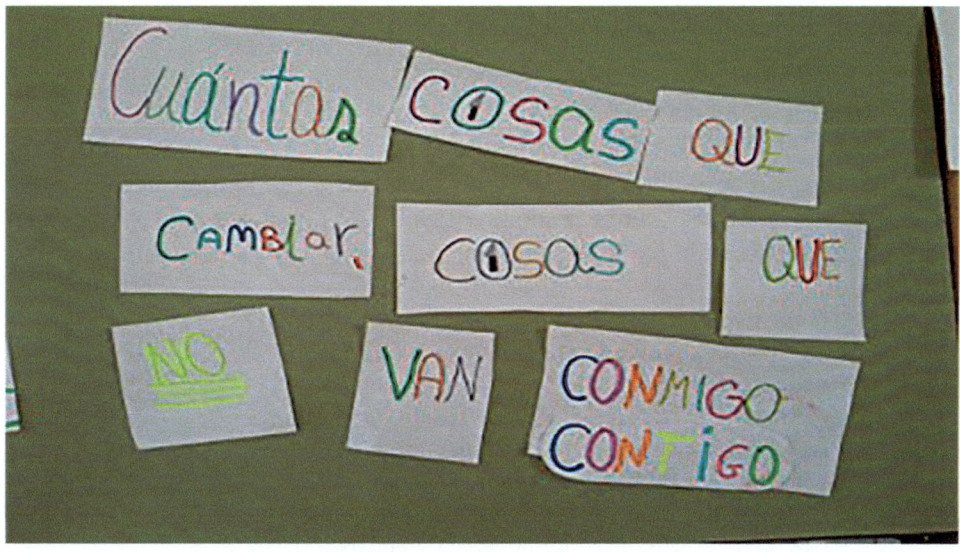

Figura 17. Trabajo del alumnado, *Musicograma «Mira»*, Colegio Academia Santa Teresa, Málaga, 2019

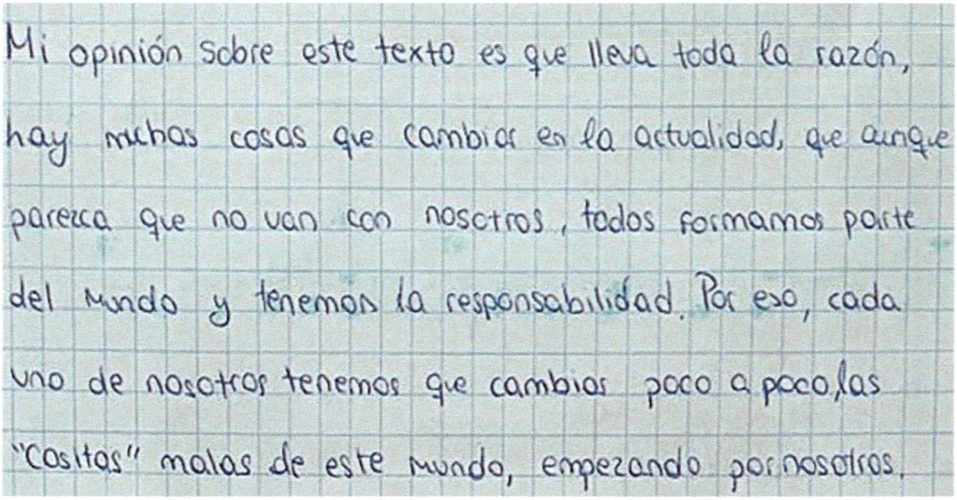
Mi opinión sobre este texto es que lleva toda la razón,
hay muchas cosas que cambiar en la actualidad, que aunque
parezca que no van con nosotros, todos formamos parte
del mundo y tenemos la responsabilidad. Por eso, cada
uno de nosotros tenemos que cambiar poco a poco las
"cositas" malas de este mundo, empezando por nosotros.

Figura 18. Trabajo del alumnado, *Musicograma «Mira»*, Colegio Academia Santa Teresa, Málaga, 2019

d) Letra de *Camina* e imágenes del trabajo del alumnado

ESTILO: Soleá por bulería.
    CANTE: Óscar Ayuso «El Marqués».
    LETRA Y GUITARRA: Víctor «Pucherete».
    JUSTIFICACIÓN: la letra nos anima a continuar luchando por aquello en lo que creemos, dándonos cuenta desde la distancia de los logros conseguidos después de haber recorrido parte del camino.

> Que de poquito a poquito ando siempre caminando,
> hasta que no pueda más por la vereda y andando.
> Y no veo otra manera que despacito y constante,
> de avanzar por este mundo, que despacito y constante.
> Y creyendo ya llegar, volviendo la vista atrás,
> veré las hojas caídas que siguen mi caminar.
> Que de poquito a poquito ando siempre caminando,
> hasta que no pueda más por la vereda y andando.

Figura 19. Trabajo del alumnado, *Musicograma «Camina»*,
Colegio Academia Santa Teresa, Málaga, 2019

Figura 20. Trabajo del alumnado, *Musicograma «Camina»*, Colegio Academia Santa Teresa, Málaga, 2019

Figura 21. Trabajo del alumnado, *Musicograma «Camina»*, Colegio Academia Santa Teresa, Málaga, 2019

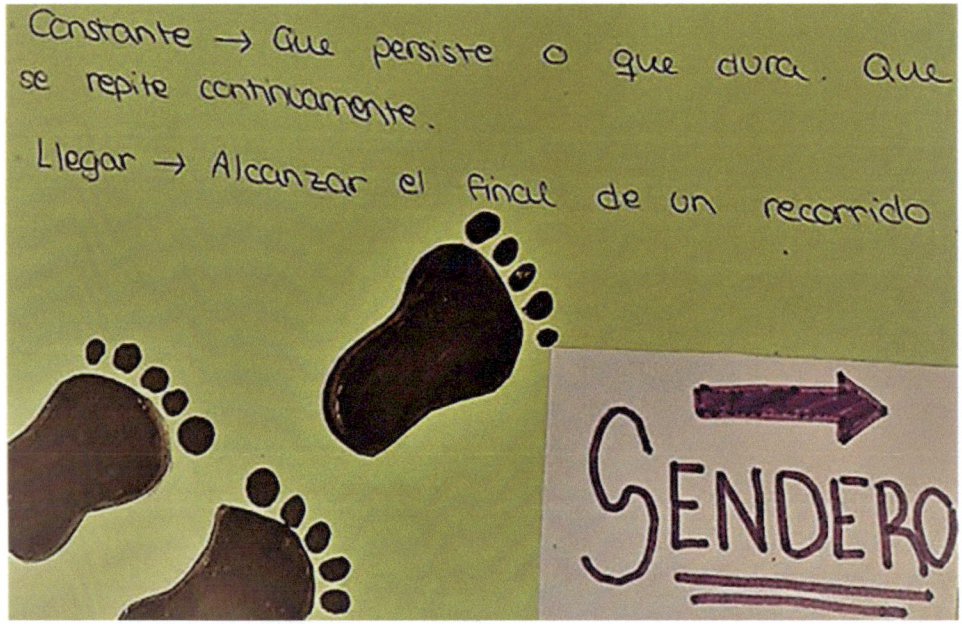

Figura 22. Trabajo del alumnado, *Musicograma «Camina»*, Colegio Academia Santa Teresa, Málaga, 2019

Figura 23. Trabajo del alumnado, *Musicograma «Camina»*, Colegio Academia Santa Teresa, Málaga, 2019

Figura 24. Trabajo del alumnado, *Musicograma «Camina»*, Colegio Academia Santa Teresa, Málaga, 2019

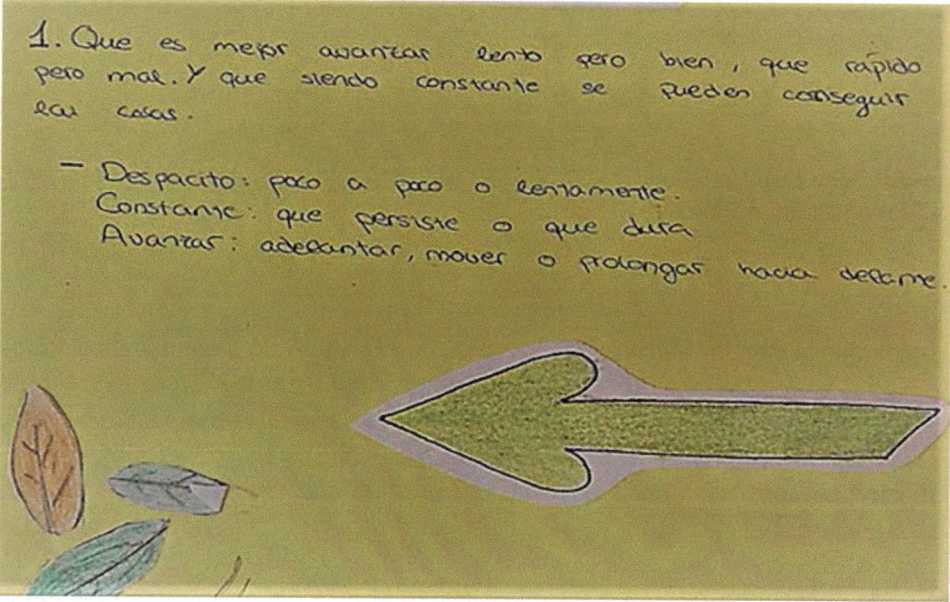

Figura 25. Trabajo del alumnado, *Musicograma «Camina»*, Colegio Academia Santa Teresa,
Málaga, 2019

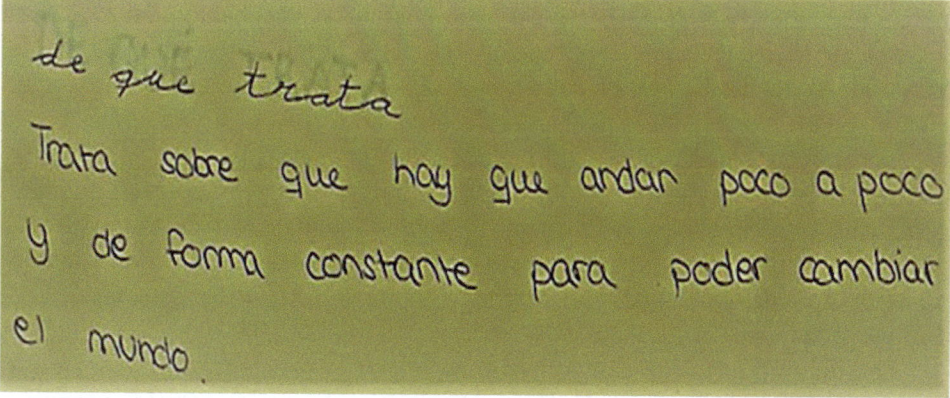

Figura 26. Trabajo del alumnado, *Musicograma «Camina»*, Colegio Academia Santa Teresa,
Málaga, 2019

5.2. DÍA INTERNACIONAL DE LA ELIMINACIÓN DE LA VIOLENCIA CONTRA LAS MUJERES (25N). *ÁNGELES DE ALAS CAÍDAS*

a) Objetivo

Sensibilizar al alumnado sobre el grave problema y la cruel realidad que supone actualmente la violencia machista.

b) Propuesta metodológica

El vídeo de la canción *Ángeles de alas caídas* es el resultado de un proceso donde se ha intentado implicar al mayor número posible tanto de alumnado como de profesorado, con una actividad para participar en la iniciativa Aulas Violetas de Andalucía de la Junta de Andalucía desde la modalidad artística. Nuestra participación ha consistido en la creación e interpretación de una canción cuya temática expresa el rechazo ante las situaciones de agresión y violencia hacia las mujeres (primera mitad de la canción) y el objetivo común entre hombres y mujeres de conseguir unas relaciones basadas en la igualdad y el respeto (segunda mitad de la canción).

En un primer momento la actividad se inició en las diversas aulas donde mi situación de docente de las asignaturas de Música, Geografía e Historia y Economía (1.º, 2.º y 4.º de ESO) me permitió posibilitar la reflexión del alumnado y propiciar el debate sobre la situación actual de la mujer respecto al hombre, aclarando conceptos como el «género» o el «sexo», en referencia a lo socialmente construido o lo biológicamente determinado.

A partir de ahí se dieron indicaciones al alumnado (de rima y estructura) para escribir en pequeños grupos frases y párrafos que expresasen sus percepciones y valoraciones, escogiendo después aquellas con un lenguaje más poético y metafórico que pudiese ser utilizado como letra de la canción (el número total de alumnado que participó en la redacción de estrofas fue de 140 personas).

El siguiente paso fue componer la música de la canción e iniciar los ensayos con el alumnado que se prestó a participar cantando las estrofas escogidas para conformar la canción. Se decidió mantener únicamente las estructuras rítmicas relacionadas con el flamenco (compás de amalgama para la primera parte y compás binario para la segunda), pero hacer melodías no características del flamenco haciendo así una canción más asequible para ser cantada por el alumnado (aunque la base rítmica de la interpretación con la guitarra esté basada en elementos y estructuras flamencas).

El proceso de grabación de audio en el que participaron 11 alumnas y 6 personas adultas (profesorado y PAS) duró cuatro meses (utilizando los recreos como único horario disponible), más un mes a partir de ahí para la grabación del audiovisual (videoclip).

Como trabajo complementario, y en coordinación entre el profesor encargado de la actividad y la profesora de «Educación para la Ciudadanía» de 3.º de ESO, se elaboraron diferentes murales cuya temática se encuentra en relación con el de la canción y que también se muestran en el videoclip.

Por último, se incluyeron en el video imágenes del trabajo grupal reflejado en la pizarra de 1.º de ESO donde se realizó una unidad didáctica desde la materia de Música con el título de «Música para la Justicia Social», potenciando el debate y la reflexión sobre los principales conflictos o situaciones injustas que se dan en nuestras sociedades a diferentes niveles (nivel mundial, español y académico), para trabajar a partir de ahí desde el ámbito musical valores como la tolerancia, el respeto y la no discriminación.

La coordinadora del «Equipo de Igualdad y Coeducación» destacó los siguientes logros:

— Haber conseguido implicar/unir a tantas personas (alumnado, profesorado de Primaria y ESO y miembros del PAS) en un proyecto común.
— Trabajar este proyecto de forma multi e interdisciplinar, para hacer ver al alumnado que una misma realidad se puede abordar desde diversas perspectivas.
— Desarrollar en el alumnado el pensamiento crítico y reflexivo.
— Fomentar en el alumnado el espíritu del compromiso ante la realidad que nos rodea.

El producto final de este trabajo fue un videoclip que constituyó el recurso utilizado para la sesión de tutoría del 25 de noviembre de los dos cursos siguientes, en la que el alumnado pudiese profundizar en los contenidos curriculares transversales, contestando en pequeños grupos antes de poner en común ante el resto de la clase las siguientes cuestiones:

— ¿Qué actitudes no son adecuadas o correctas en una relación de pareja?
— ¿Qué valores piensas que son fundamentales y que deberían estar presentes siempre en este tipo de relación?
— ¿Cómo pensáis que desde vuestro propio ámbito personal (estudiantes adolescentes, chicos «no agresores» y chicas «no agredidas») podéis contribuir aportando vuestro granito de arena para terminar con este tipo de injusticia que representa la violencia machista? ¿Cuáles serían las posibles soluciones para terminar con este tipo de agresiones y cuál sería vuestro compromiso personal desde ese ámbito de estudiantes adolescentes?

c) Imágenes del proceso de trabajo y de las reflexiones
   del alumnado en la tutoría

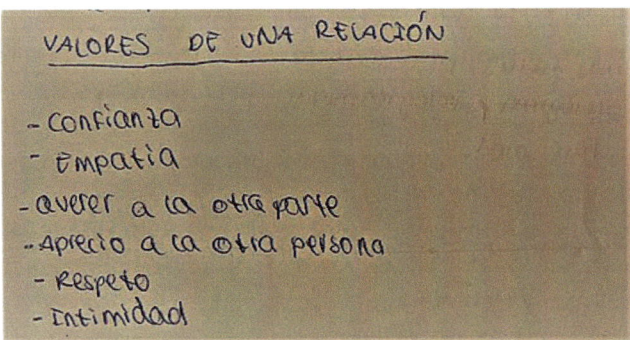

Figura 27. Trabajo del alumnado, *Canción «Ángeles de Alas Caídas»*, Colegio Academia
Santa Teresa, Málaga, 2019

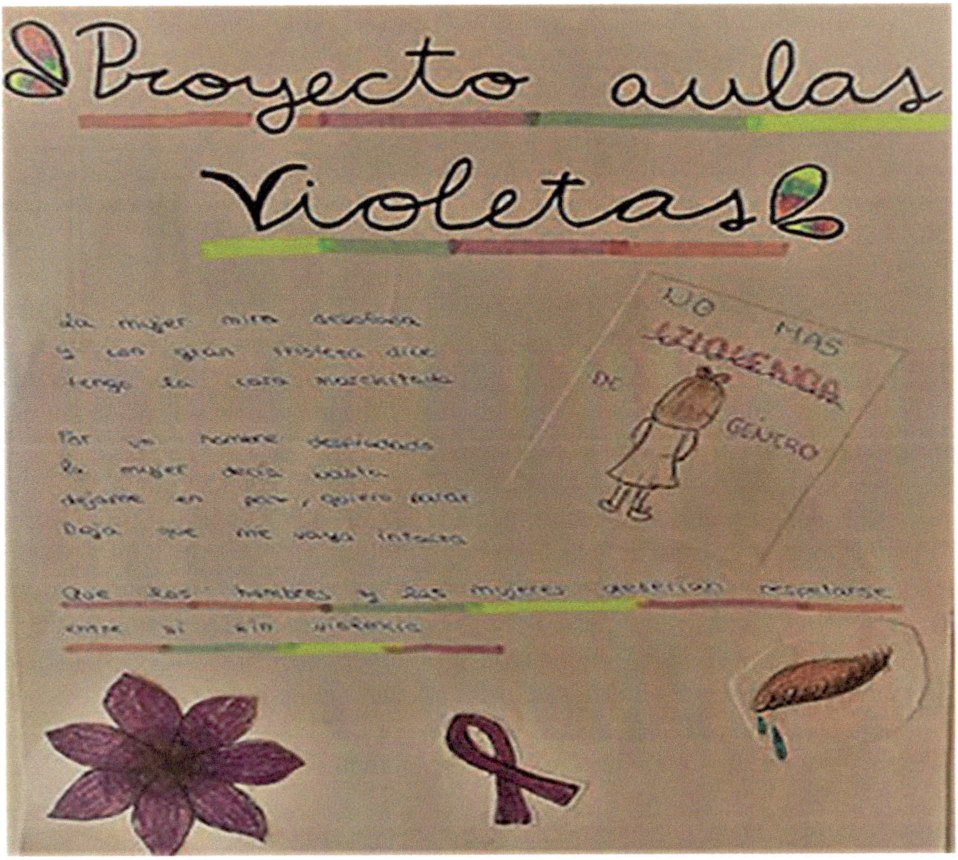

Figura 28. Trabajo del alumnado, *Canción «Ángeles de Alas Caídas»*, Colegio Academia
Santa Teresa, Málaga, 2019

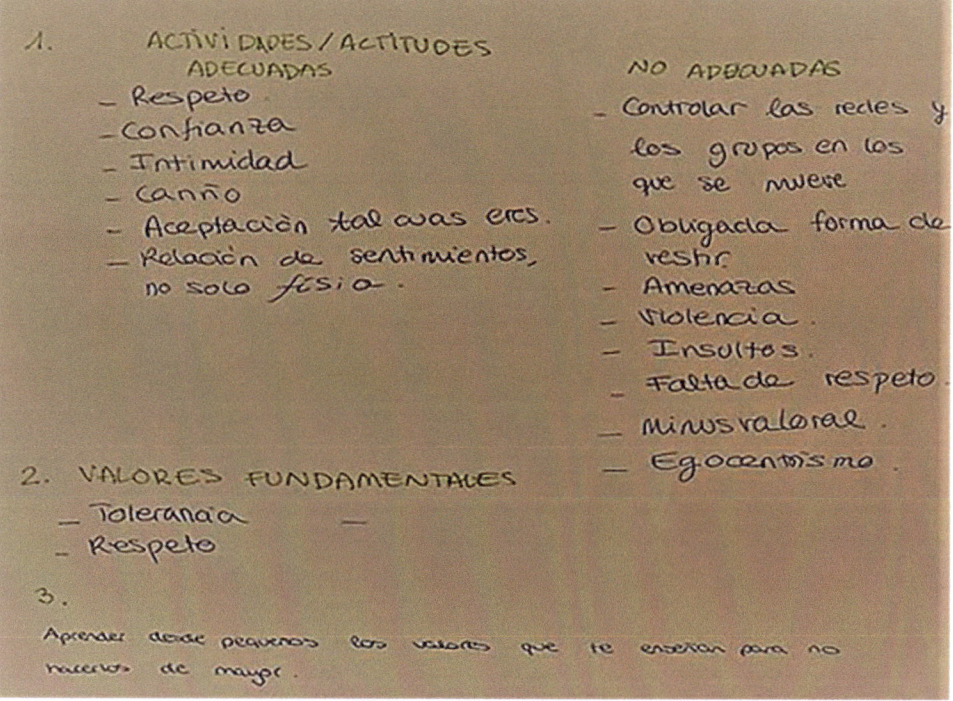

Figura 29. Trabajo del alumnado, *Canción «Ángeles de Alas Caídas»*, Colegio Academia
Santa Teresa, Málaga, 2019

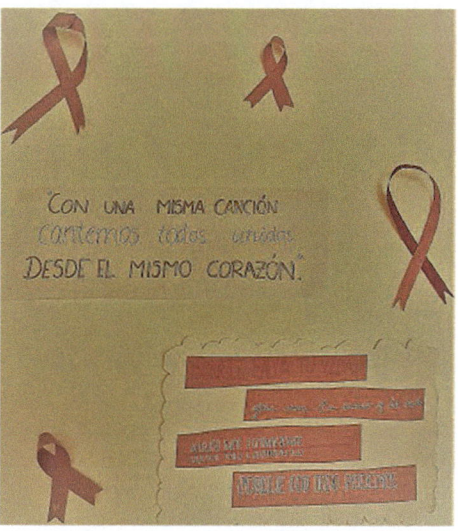

Figura 30. Trabajo del alumnado, *Canción*
«Ángeles de Alas Caídas», Colegio Academia
Santa Teresa, Málaga, 2019

Figura 31. Trabajo del alumnado, *Canción*
«Ángeles de Alas Caídas», Colegio Academia
Santa Teresa, Málaga, 2019

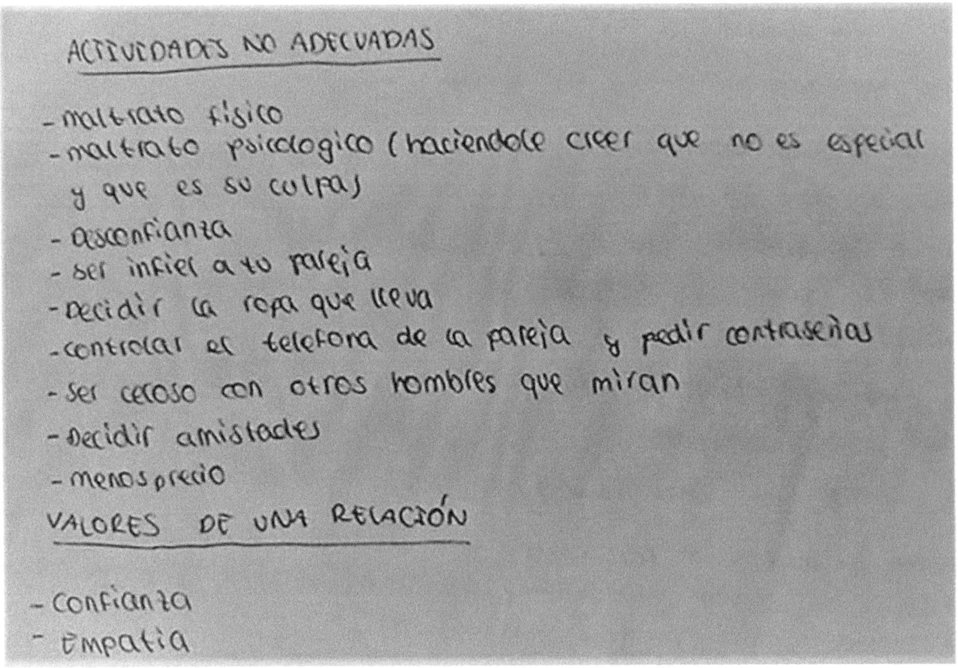

ACTIVIDADES NO ADECUADAS

- maltrato físico
- maltrato psicologico (haciendole creer que no es especial y que es su culpa)
- desconfianza
- ser infiel a tu pareja
- decidir la ropa que lleva
- controlar el telefono de la pareja y pedir contraseñas
- ser celoso con otros hombres que miran
- decidir amistades
- menosprecio

VALORES DE UNA RELACIÓN

- confianza
- empatia

Figura 32. Trabajo del alumnado, *Canción «Ángeles de Alas Caídas»*, Colegio Academia Santa Teresa, Málaga, 2019

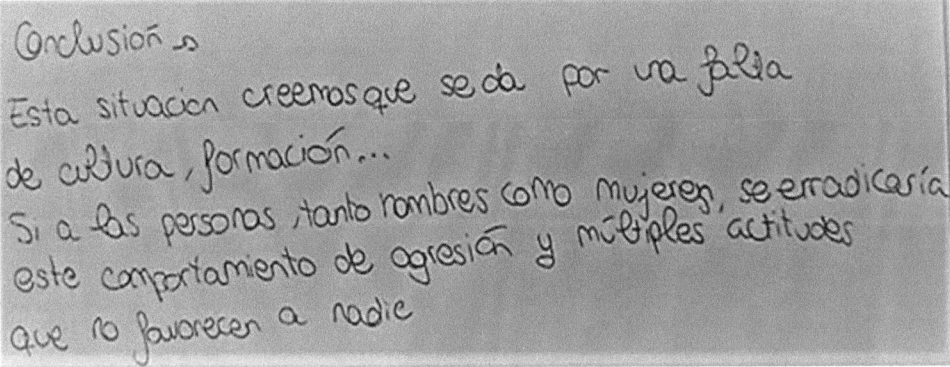

Conclusiónes

Esta situación creemos que se da por una falta de cultura, formación...
Si a las personas tanto hombres como mujeres, se erradicaría este comportamiento de agresión y múltiples actitudes que no favorecen a nadie

Figura 33. Trabajo del alumnado, *Canción «Ángeles de Alas Caídas»*, Colegio Academia Santa Teresa, Málaga, 2019

d) Letra de la canción *Ángeles de alas caídas* escrita por el alumnado

> En un mar de oscuridad hallé una puerta violeta.
> Un mundo con igualdad, esa sería mi meta.
> Atrapada entre las rejas, mañana no viviré.
> Pues como un ángel del cielo yo más libre volaré.
> Mi reflejo apuñalado deja las marcas en mí mostrando lo más dañado.
> Agarrada por los hombros alguien que grita mi nombre.
> Vuela el pájaro a mi pecho, pica el corazón de cobre.
> Yo quiero ser liberada, de cadenas que me atan al hombre que me maltrata,
> de las garras que me atrapan.
> Ángeles de alas caídas, plumas de sangre me envuelven,
> las estrellas son lejanas, la luna desaparece.
> Se escucha un grito en el cielo que ellos no saben oír.
> Lágrimas, sudor y sangre, la muerte viene a por mí.
> Ángeles de alas caídas, plumas de sangre me envuelven.
> Las estrellas son lejanas, la luna desaparece.
> Llenaste mi alma desde que te vi, y en mi corazón
> tras tantas heridas el mundo perdí.
> Yo no salgo por el miedo y tú entras por la fuerza.
> No daremos ningún paso desde esta eterna violencia.
> Mira, mujer maltratada, que con gran tristeza dices: mi alma está desolada.
> Yo ya no quisiera ver como un corazón partido a un hombre y una mujer.
> Con una misma canción cantemos todos unidos desde el mismo corazón.
> Alegres como las flores, somos todas necesarias, distintas por sus colores.

e) Reflexiones del alumnado reflejadas en el blog

A continuación, se muestran algunas de las reflexiones y opiniones del alumnado reflejadas como comentarios en el blog de la asignatura:

> Ángeles de Alas Caídas es un proyecto del que uno se puede sentir orgulloso porque están implicados tanto alumnos como profesores por igual. En él participa tanto el género masculino como el femenino de nuestro colegio bajo la línea del respeto para conseguir un objetivo en común que es el lograr la igualdad entre hombres y mujeres.
>
> Cada uno ocupamos un lugar en el mundo, pero no por ser mujer u hombre debes tener menos obligaciones y derechos, y mucho menos ser tratado con menosprecio o inferioridad.
>
> A través de esta actividad he comprendido que la música puede ser considerada como un idioma universal a través del cual lograr muchísimas cosas.

> Ángeles de Alas Caídas es una canción que explica muy bien lo que sufren muchas mujeres todos los días. Cada uno de nosotros es una persona diferente, aunque todos seamos seres humanos, no por ser hombre o mujer tienes que tener menos obligaciones o derechos.

En mi opinión ÁNGELES DE ALAS CAÍDAS es un proyecto interesante, ya que podíamos participar todos los que quisiéramos, tanto alumnos como alumnas. Este proyecto trata sobre una canción en la que las mujeres son discriminadas. Todos los humanos somos diferentes y no por ello hay que discriminar a unos o a otros, porque cada uno tiene sus defectos. Como todos somos seres humanos, tenemos los mismos derechos.

Esta es una iniciativa muy buena para trasmitir a los niños el tema de la violencia de género y también para demostrar a las personas que lo sufren que no están solas. Además, el videoclip está hecho de una forma muy creativa y con la participación de los profesores y alumnos en él. Y la letra está hecha por los alumnos también.

Esta canción me ha gustado bastante porque explica el sufrimiento de muchas mujeres que sufren maltratos y abusos de sus parejas.

Un proyecto muy bonito porque participan profesores y alumnos con un mismo objetivo, dar visibilidad al maltrato físico o psicológico que sufren muchas mujeres. A su vez hay un mensaje de esperanza, de que de esa situación se sale, no hay que aguantar por nada ni por nadie ningún tipo de violencia. No hay que tener miedo, hay que denunciar y contarlo. Las relaciones personales tienen que ser sanas, tienen que aportar, sumar, no restar y mucho menos tolerar situaciones de falta de respeto.

No puedo creer que todavía haya violencia de género, eso hubiera tenido que parar desde hace tiempo.

Me quedo con la frase: Un mundo con igualdad, esa sería mi meta.

5.3. DÍA INTERNACIONAL DE LOS DERECHOS HUMANOS (10D) Y CELEBRACIÓN DE LA NAVIDAD ESCOLAR. *VILLANCICOS FLAMENCOS*

a) Objetivo

Mostrar al alumnado la importancia de apoyar a través del arte la denuncia de actos que atentan contra los Derechos Humanos, posibilitando la reflexión sobre determinados aspectos importantes que deben mejorar en nuestra sociedad, al mismo tiempo que se interpretan musicalmente en la época navideña villancicos cercanos a nuestra tradición cultural.

b) Propuesta metodológica

A partir de la unión entre la música andaluza más representativa y la época navideña se constata el hecho de que el flamenco es algo más que una música, siendo parte de la cultura y de las tradiciones populares.

El profesorado de música tiene una labor principal en la organización y el montaje de los villancicos, pero todo el profesorado puede aportar horas y apoyar el proceso de creación e interpretación de los villancicos para terminar el primer trimestre «con mucho arte», tal y como se dice en la jerga flamenca. En este sentido, para realizar montajes navideños de villancicos flamencos, se pueden tomar muchos ejemplos de letras adaptadas al compás de rumbas, tangos, tanguillos, sevillanas, fandangos o bulerías (zambomba flamenca).

En mi caso, al trabajar como docente en un centro educativo concertado posibilitó que pudiese ayudar a preparar villancicos a algunos cursos de educación primaria, aunque sea docente de secundaria. Me permitió igualmente poder trabajar con mi alumnado de 1.º de ESO sobre el mensaje expresado en una de las letras que el curso de 3.º de primaria cantó en el certamen de villancicos: *La Carta* (Rafael González y Coro Yerbabuena).

En este ejemplo, vemos una vez más la capacidad de la música para mostrar elementos injustos que se dan en la sociedad y la necesidad de cambio a través de la letra y del mensaje expresado en un villancico infantil que sirvió, además de desarrollar las cualidades artísticas del alumnado de 3.º de primaria, para hacer reflexionar al alumnado de 1.º de ESO sobre el mensaje que se trasmitía en el mismo. No se trata únicamente de una muestra de cómo las estructuras propias del flamenco se incorporan a los cantes típicamente navideños, utilizando los recurrentes mensajes que se suelen repetir en estas temáticas de manera generalizada. En este caso, la letra nos habla de un niño o una niña que, al escribir su carta a los Reyes Magos, no les pide regalos, sino que el mundo vaya mejor y sea más justo.

El villancico fue interpretado por el alumnado de 3.º de primaria, pero el texto y su mensaje fue trabajado por el alumnado de 1.º de ESO en la Unidad Didáctica «Música y Justicia Social» de su asignatura de Música. Después de reflexionar en pequeños grupos sobre el texto, lo compartieron ante la clase, bajando posteriormente a las aulas de los dos grupos de 3.º de primaria para conversar con los pequeños sobre la importancia del mensaje que iban a cantar en el certamen de villancicos para que, de esta manera, fuesen más conscientes del valor de su villancico, más allá de fijarse únicamente en la calidad de la interpretación musical del mismo.

c) Letra del villancico *La carta*

> Con una letra nerviosa una noche de diciembre,
> un niño escribe una carta a los tres Magos de Oriente.
> Majestad, este año no quiero ni juguetes, tampoco regalos.
> Ya sabéis que he sido muy bueno, mis queridísimos Reyes Magos.
> Perdonad si la letra no es buena, perdonadme si algo no se entiende.
> Pues la hice a la luz de una vela cuando en casa ya todos se duermen.

Yo quiero pedir para compartir un poco de risa para aquel que no es feliz.
Y un gran corazón lleno de ilusión para el que ha perdido las ganitas de vivir.
Y un poco de pan para alimentar el llanto de un niño que se duerme sin cenar.
Y un bello lugar para regresar a aquellos que un día se tuvieron que marchar.
Majestades, yo tan sólo quiero, para el hombre un poco de cordura.
Por un mundo feliz y sincero, y acabar ya con esta locura.
Majestades, tan sólo les pido un poquito de amor entre hermanos,
un silencio que apague los gritos y un hogar para los desahuciados.
Majestades yo, quisiera saber, que esta carta que os envío pronto la leeréis.
Todos mis deseos se vean cumplidos y de veras que estaré por siempre agradecido.
Majestades, por el niño Jesús, que una fría noche fuisteis los tres a adorar.
Alumbró una estrella todos vuestros pasos y ahora Él alumbra
para todos el camino.
Mis queridísimos Reyes Magos, se ha hecho tarde escribiendo esta carta.
No quiero despertar a mis padres, que la Navidad pronto amanece.

d) Imágenes de las reflexiones del alumnado

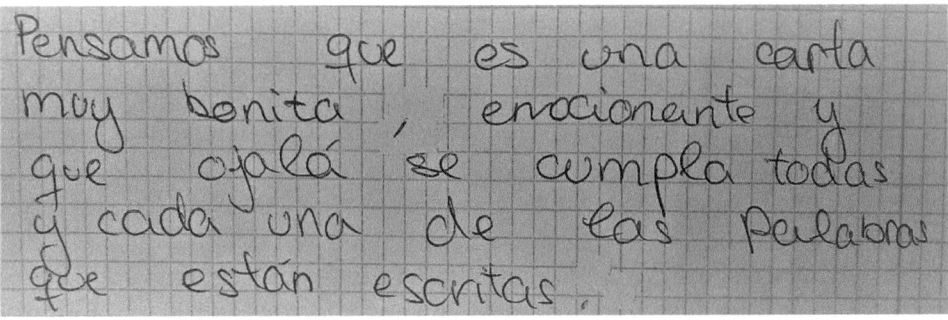

Figura 34. Trabajo del alumnado, *Villancico «La Carta»*, Colegio Academia Santa Teresa, Málaga, 2019

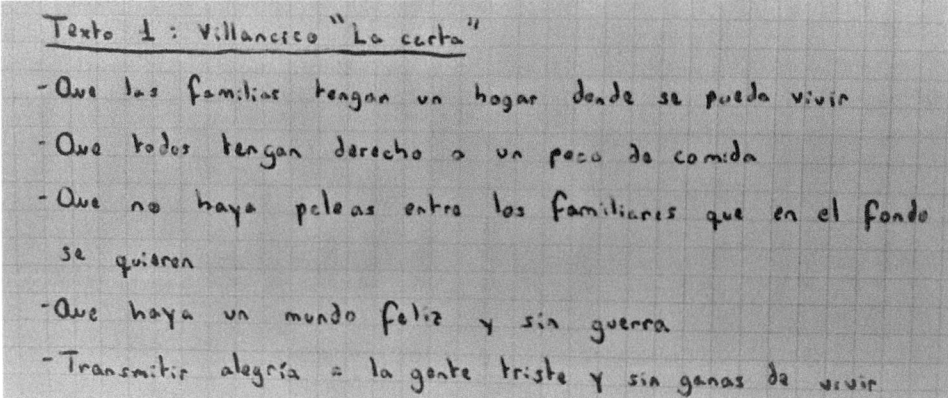

Figura 35. Trabajo del alumnado, *Villancico «La Carta»*, Colegio Academia Santa Teresa, Málaga, 2019

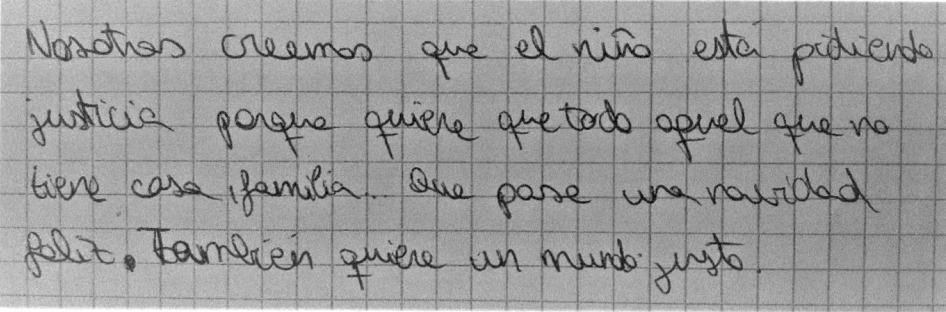

Figura 36. Trabajo del alumnado, *Villancico «La Carta»*, Colegio Academia Santa Teresa, Málaga, 2019

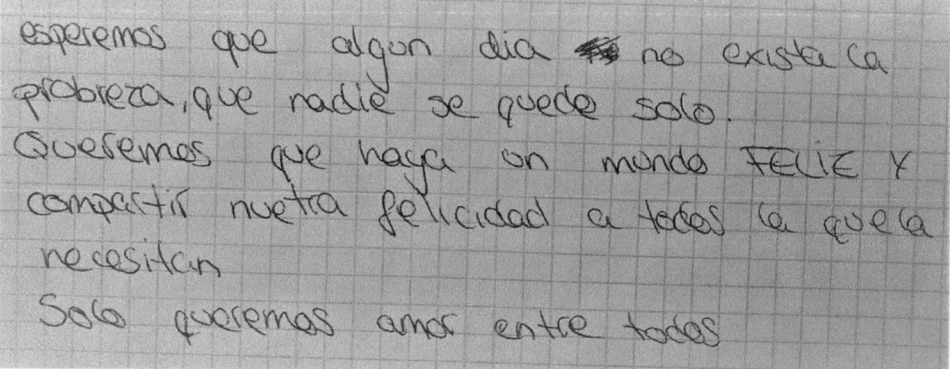

Figura 37. Trabajo del alumnado, *Villancico «La Carta»*, Colegio Academia Santa Teresa, Málaga, 2019

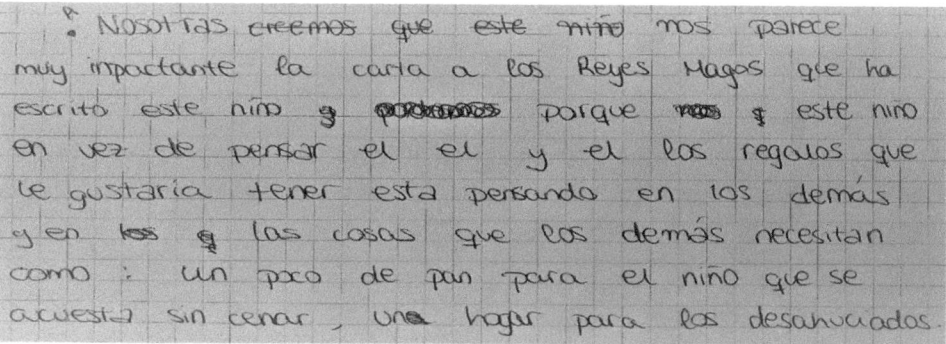

Figura 38. Trabajo del alumnado, *Villancico «La Carta»*, Colegio Academia Santa Teresa, Málaga, 2019

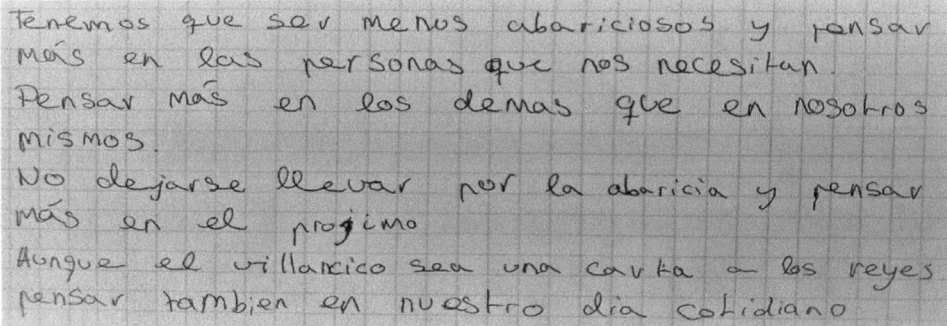

Figura 39. Trabajo del alumnado, *Villancico «La Carta»*, Colegio Academia Santa Teresa, Málaga, 2019

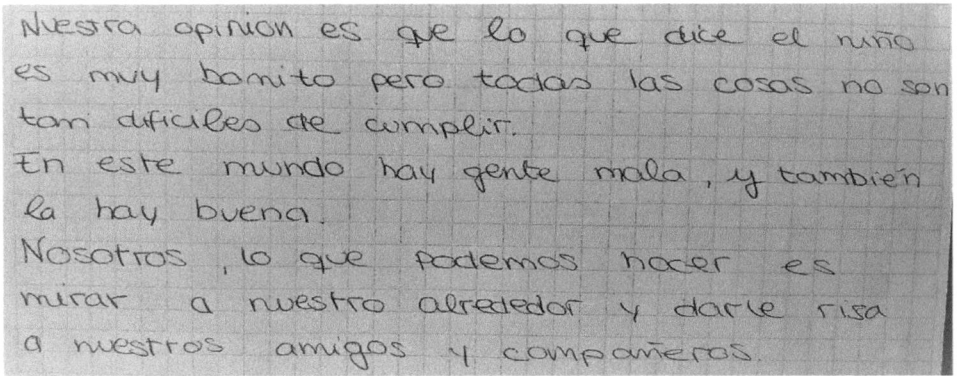

Figura 40. Trabajo del alumnado, *Villancico «La Carta»*, Colegio Academia Santa Teresa, Málaga, 2019

5.4. DÍA INTERNACIONAL DE LA MUJER (8M). *FLAMENCAS*

a) Objetivo

Analizar los roles masculino y femenino en el flamenco, en relación con la división de tareas en un ámbito profesional reflejo de una sociedad patriarcal (interpretación de la guitarra flamenca).

b) Propuesta metodológica

En primer lugar, se leería el siguiente comentario como propuesta para iniciar el debate y la reflexión sobre el hecho de que el porcentaje prácticamente total de guitarristas hoy en día sean hombres:

Numerosos pintores del Romanticismo (siglo XIX) representaron en sus obras a mujeres tocando la guitarra flamenca, además de cantando y bailando. La siguiente

muestra de fotografías tomadas en el Museo Carmen Thyssen de Málaga así lo de-
muestra, y la pregunta sería: ¿por qué motivo hoy, la guitarra flamenca, es un ámbito prácticamente exclusivo para los hombres? ¿Por qué motivo, si las mujeres,
tal y como atestiguan numerosos testimonios escritos, fotografías y pinturas, fueron guitarristas profesionales... por qué dejaron de tocar la guitarra, y su presencia en el flamenco se mantiene únicamente en el ámbito del baile o del cante? ¿Qué
pensáis?

Se verían las imágenes de los cuadros, hablando sobre la importancia de la
iconografía general, no solo musical, para poder conocer hábitos, costumbres y
formas de vida del pasado.

Se intentarían sacar conclusiones que diesen respuesta a esas preguntas,
tratando igualmente de centrarnos en el momento presente, valorando los cambios producidos y la situación actual.

La persona que, como docente, guiase el debate, encaminaría finalmente las
reflexiones hacia el hecho de que en el pasado reciente el papel de la mujer estaba ligado a un ámbito doméstico y no profesional, así como al de que pocas
mujeres podían desarrollar una carrera profesional en el ámbito no solo musical, sino en cualquier especialidad o disciplina. A pesar de eso, la presencia de
las mujeres en el flamenco siempre ha sido muy relevante, pero la dicotomía de
género representada en el baile de las mujeres o el toque de los hombres se relaciona también con el hecho de que los hombres eran los que gestionaban profesionalmente los «cuadros artísticos» y negociaban el caché, actuaciones, etc.
Este ámbito de mayor jerarquía que el estrictamente artístico ha sido representado por los hombres en el pasado, pero los datos nos dicen que, en el presente,
siguen los hombres ocupando los cargos de mayor responsabilidad empresarial.
Por lo que tendríamos no solo que preguntarnos si ha habido cambios, que son
evidentes, sino si el grado de esos cambios es o debe ser suficiente para que podamos decir que hoy vivimos en una sociedad equitativa e igualitaria en relación
con la cuestión de género.

c) Títulos de obras pictóricas con mujeres guitarristas
    (Museo Carmen Thyssen, Málaga)

— *El cante de una moza*, Ángel María Cortellini Hernández, 1846.
— *Un borracho en un mesón*, Manuel Cabral Aguado Bejarano, 1850.
— *Baile en una venta*, Rafael Benjumea, 1850.
— *Jaleando a la puerta del cortijo*, Manuel Cabral Aguado Bejarano, 1854.
— *Escena costumbrista en el Alcázar de Sevilla*, Manuel Ussel de Guimbarda,
    1872.
— *Una bailaora*, Gonzalo Bilbao Martínez, 1913.

5.5. DÍA INTERNACIONAL DEL PUEBLO GITANO (8A).
EL ALMA NO TIENE COLOR

a) Objetivo

Apoyar el proceso de concienciación y sensibilización del alumnado contra la discriminación racial en términos generales, pero centrándonos en el caso de la población gitana, tanto por su relación con el flamenco como por significar el grupo de minoría étnica con más presencia poblacional en España y cuya situación de exclusión de varios siglos sigue actualmente sin solucionarse.

b) Propuesta metodológica

El músico y compositor gitano Antonio Remache (La Trova Gitana) utiliza la música como elemento para la transformación social. Es el caso de la canción *El alma no tiene color*, interpretada por él y Antonio Carmona al cante, además de por Juan Carmona a la guitarra (Ketama), para una campaña de sensibilización contra el racismo de la Fundación Secretariado Gitano (FSG) llamada «Conócelos antes de juzgarlos».

Previamente a la lectura de la letra y visionado del videoclip de «El alma no tiene color» se puede realizar con el alumnado un debate donde se reflexione sobre las posibles causas y motivos que pueden llevar a la discriminación entre personas por cuestiones de racialización o cultura, para aportar posibles soluciones que permitan al alumnado tomar conciencia y sensibilizarse ante un grave problema que, hoy en día, seguimos sufriendo en nuestras sociedades (se puede hacer reflexionar al alumnado de manera individual o en pequeños grupos para la posterior puesta en común con el grupo-clase).

A continuación, se leería la letra y se escucharía la canción *El alma no tiene color*. Las posteriores reflexiones irán en torno a la discriminación racial, centrándonos en el caso de la población gitana española.

Se pueden analizar, para complementar la información del debate, letras de cantes flamencos del siglo XIX que reflejan la discriminación hacia los gitanos (1999 [1841], Borrow), pero también la propia definición del término gitano que actualmente mantiene la Real Academia de la Lengua como sinónimo de trapacero (ladrón).

c) Letra de *El alma no tiene color*

No reparéis en que soy moreno porque el sol me miró.
Que me parieron de carne y hueso, nací varón.
Soy de mi tierra y mía es ella, y si me apuran soy extranjero, como lo somos todos.
Yo soy de carne, no soy de hierro, soy corazón,
con mil defectos como cualquiera, nadie es perfecto.
Y si me hieren, también lo siento.
No reparéis en que soy moreno porque el sol me miró.
No sea objeto de tu desprecio mi condición.
En mi universo todo es diverso, lo digo tal como yo lo siento... como lo siento.
El corazón es indefenso y hacerle daño no tiene precio.
Y nadie sabe cómo me siento... cómo me siento.
No me pongas límites, es injusto y cruel. Que me duele... que me duele.
El alma no tiene color y no quiero juzgar y pintarla de rabia...
de tanto viejo pensamiento.

d) Reflexiones del alumnado reflejadas en el blog

Es verdad que, aunque seamos todos iguales, a día de hoy, se observa cierta discriminación a un colectivo como el gitano, simplemente por ser diferente físicamente o tener otras costumbres. Por eso, me parece que, a través de la música, que los gitanos la llevan tan en la sangre, se puedan acercar y eliminar las diferencias entre gitanos y no gitanos, o en general entre las personas.

Como dice el título de la canción, hemos de conocer a las personas antes de juzgarlas, pues las personas se definen más como son por dentro que como son por fuera. Las personas que pertenecen a la etnia gitana son diferentes en algunas cosas para nosotros, pero hemos de considerar que también nosotros hacemos cosas que a ellos les parecen diferentes. Además, los gitanos tienen un gran don para las artes musicales, siendo grandes representantes del flamenco en todas sus ramas. Los gitanos, por mucho que se esfuercen los «payos» para decir que son diferentes, tienen los mismos derechos y las mismas capacidades que ellos.

Estoy muy de acuerdo con lo que dice en esta entrada del blog y me parece muy mal que juzguen a los gitanos antes de conocerlos, por eso estas canciones me parecen muy indicadas para transmitir a la gente que porque otra persona tenga un tono de piel más oscuro y a lo mejor otros gustos son personas como nosotros y no tienen que soportar que otras personas que no son gitanas les juzguen por su tono de piel.

Somos todos iguales, aunque siempre va a haber gente que discrimine a los negros, a los gitanos, o a quien sea sólo por su color de piel o sus costumbres... Me parece muy bien que hayan hecho esta canción explicando su situación y que así le llegue a la gente. Y que la gente por medio de la música que a ellos tanto les gusta cambie un poco la manera de pensar.

Hay personas que juzgan a los demás sin motivos, sin conocerlos, simplemente por su aspecto o color de la piel. Creo que el pueblo gitano tiene sus propias costumbres, algunas difíciles de entender para nosotros, pero también creo que se puede aprender a convivir con respeto. Espero que todos podamos tener una oportunidad sin importar nuestro color de piel.

Me parece increíble que todavía se tenga que escribir canciones para luchar por derechos e igualdad para la población gitana. Esto nos hace ver que todavía existe el racismo, la discriminación y el rechazo entre nosotros. Seguimos actuando mal porque por mucho que digamos que está mal y que no es justo, seguimos sin ser sinceros porque si realmente fuera así, no tendrían que escribir canciones como esta.

El pueblo gitano es un gran desconocido. Poco conocemos en realidad de las costumbres y riquezas que han aportado al mundo del arte. El pueblo gitano con la celebración del día 8 de abril de su Día Internacional intenta que se reconozca el valor de este pueblo, gracias a las contribuciones que su cultura e historia ha aportado al mundo. Así mismo se quiere acabar con la discriminación de la cual han sido objeto durante tanto tiempo. Es un hecho, que el pueblo gitano todavía sigue luchando por una mayor integración en la sociedad. La brecha todavía es enorme, muchos niños ni siquiera asisten al cole y otros terminan por desertar. La realidad para la población adulta es mucho más triste, ya que no tienen acceso a buenos empleos y aquellos que logran un trabajo es con pequeños sueldos.

Nos dejamos llevar por los prejuicios sociales, sin antes pararnos a conocer a las personas en sí.

CONCLUSIONES

El flamenco es algo más que una música: trata temas como la sociabilidad, la ritualidad, la expresión de emociones y sentimientos, la creatividad, y puede ser una manifestación tanto de alegría y disfrute festivo como de recogimiento interior y pensamiento profundo. A pesar de que ha habido iniciativas en las últimas cuatro décadas por parte de docentes que han llevado a cabo actividades sobre flamenco en las etapas educativas de educación primaria obligatoria y secundaria, no se ha consolidado todavía su inclusión educativa.

Uno de los motivos por los que el flamenco no está presente realmente en el ámbito educativo escolar se relaciona directamente con las limitaciones de su incorporación por basarse fundamentalmente en la voluntariedad docente, pero también porque hay parte del profesorado que es reticente a incluir en sus programaciones didácticas actividades sobre flamenco por el miedo que produce llevar al aula contenidos que no se conocen ni se dominan.

La representación de estudios sobre flamenco en el ámbito universitario de los grados de Magisterio (futuro profesorado de educación primaria) y del Máster de Formación del Profesorado de ESO y Bachillerato (futuro profesorado de educación secundaria y bachillerato) es irregular y anecdótica. Mientras no se incluya formación sobre flamenco en estas carreras universitarias no se logrará que las personas que impartan docencia a partir de finalizar sus estudios tengan la capacidad y los recursos necesarios para incluir actividades sobre flamenco en sus programaciones didácticas. Los futuros profesores y las futuras profesoras que impartirán docencia musical en los colegios e institutos de nuestro país no podrán poner en práctica actividades relacionadas con el flamenco ante el alumnado infantil y adolescente porque en su formación inicial no han recibido formación específica sobre flamenco. Esta carencia formativa les limitará en gran medida o, directamente, les incapacitará para trabajar en el aula elementos rítmicos, melódicos o armónicos característicos del flamenco (a no ser que el alumnado interesado busque esa formación en el ámbito privado de las academias de música o haya nacido en el seno de una familia de artistas donde hayan adquirido una formación musical previa en relación con el flamenco).

Del mismo modo, la formación en flamenco impartida a través de los Centros de Profesorado a docentes en activo es insuficiente y hasta ahora no se ha realizado de manera eficaz y coordinada. Veremos próximamente cuál es el verdadero aporte de la Ley Andaluza del Flamenco para superar estas dificultades relacionadas con la formación del profesorado en cuanto al conocimiento del flamenco.

Una opinión generalizada entre las personas implicadas en el proceso de inclusión educativa del flamenco es que, salvo algunas experiencias concretas, el flamenco no está realmente presente en nuestro sistema educativo en las etapas de la educación primaria y secundaria. No existen suficientes materiales y recursos didácticos de aplicación disponibles, por lo que es importante la creación de estos materiales y recursos didácticos que fomenten el interés y el conocimiento del patrimonio cultural español en el alumnado más joven. Es fundamental la inclusión educativa del flamenco en estas etapas por lo que significa de primer acercamiento a personas que, más adelante, podrán apoyar procesos de difusión y mantenimiento del flamenco. Posibilitando que, posteriormente, el alumnado de etapas posteriores disponga de mayor criterio y capacidad para elegir comenzar estudios formales en cualquiera de las especialidades (cante, baile, toque o flamencología).

En el ámbito de la enseñanza-aprendizaje del área de Música, la práctica totalidad de los contenidos curriculares en la etapa de la educación secundaria obligatoria se han centrado normalmente en la música académica europea (conocida como «música clásica»), tal y como se ha venido haciendo de manera habitual desde el siglo XIX como consecuencia de las modas afrancesadas e italianizantes de los gustos culturales de las élites sociales y económicas españolas, que han impuesto a las instituciones musicales académicas la hegemonía y preponderancia de este género musical hasta el día de hoy. Sería positivo que el alumnado español –y concretamente el andaluz– conozca, además de la vida y obra de Mozart y Beethoven, la vida y obra de artistas como Antonio Chacón, Ramón Montoya, Pastora Pavón, Fernanda y Bernarda de Utrera, Paco de Lucía o Carmen Linares.

Por otro lado, las letras de algunos cantes flamencos y determinados contextos de representación escénica son un valioso recurso didáctico para trabajar con el alumnado temas transversales relacionados con la educación en valores. Porque, más allá de la importancia de tratar estos temas en la escuela, se constata la urgente necesidad de hacerlo al escuchar prácticamente a diario en los informativos hablar de la anormalidad democrática que suponen los partidos políticos de extrema derecha en las instituciones; el vandalismo callejero perpetrado por jóvenes de extrema izquierda; las agresiones de extrema violencia de carácter homófobo, sexista y racista, tanto por parte de adultos como de población cada vez más joven; la crítica situación climática y medioambiental en la que nos encontramos a nivel global; y la pobreza y exclusión social en la que están sumidas millones de personas en el planeta. Todo ello, nos urge e insta a trabajar en la escuela de una manera más efectiva los elementos transversales relacionados con la educación en valores, donde la solidaridad, la empatía y el amor al prójimo y al resto de seres que habitan este planeta nunca tengan un lugar inferior en comparación con la enseñanza de las Matemáticas, la Lengua Castellana y la Literatura, el Inglés, el Francés, la Historia, la Biología, la Física, la Religión, la Música, la Educación Física o la Educación Plástica, Visual y Audiovisual.

En este sentido, en el presente libro se muestra una variedad de ejemplos prácticos sobre el trabajo específico con alumnado de educación secundaria obligatoria respecto a los elementos transversales del *curriculum* conocidos como educación en valores, para que puedan servir de guía o modelo a docentes que quieran trabajar estos contenidos con el alumnado a través del flamenco. Habiéndose trabajado temáticas como la cuestión de género, la coeducación, la igualdad y la violencia machista; la cuestión racial; el respeto a la diferencia; la cultura de la paz, los derechos humanos, la solidaridad y la empatía.

En relación con la importancia de posibilitar la expresión de las opiniones y dar voz al alumnado adolescente, este libro aporta también ejemplos metodológicos que hacen partícipe al alumnado en asuntos sociales más allá de lo académico, con el objetivo de sensibilizar y darles voz, puesto que es positivo tanto para ellos y ellas de manera individual como para el conjunto de la sociedad. Tenemos la responsabilidad –las personas dedicadas a la docencia– de ayudar a convertir a nuestro alumnado en ciudadanos globales. Es fundamental que les hagamos notar que lo que pueden aportar –su contribución– es importante y puede provocar cambios. Esto es así porque tienen muchas cosas que decir y que ofrecer en cuanto a su participación en la sociedad, por lo que hemos de posibilitar esa escucha.

Tal y como hemos dicho, es justo y lícito otorgar mayor protagonismo y dar la palabra al mundo de la juventud por ser parte integrante de una sociedad global. Para ello, es preciso que los centros educativos se conviertan en lugares donde se estimule el compromiso social en mayor medida de lo que actualmente se estimula. No es positiva la infantilización del alumnado por preservarlo de los aspectos negativos y crueles de la realidad al pensar que es conveniente mantener a la infancia unos años más en un mundo más cercano a la fantasía que a la vida real. Sería bueno repensar acerca de las capacidades y posibilidades del alumnado para comenzar a apoyar procesos de cambio social desde el propio ámbito escolar sin esperar a que lleguen a la edad adulta. Insistimos, sería positivo como personas autónomas el asumir otro papel y otra responsabilidad y, del mismo modo, la sociedad en su conjunto también se beneficiaría de que haya más personas implicadas en mejorar y cambiar los elementos injustos que tienen lugar en el mundo. Un lugar que todos y todas habitamos y en el que tenemos que asumir desde nuestro propio ámbito y capacidad de acción nuestra propia responsabilidad.

ANEXO 1.
FICHAS DE SITUACIONES DE APRENDIZAJE

A continuación, se muestran los ejemplos de cinco **fichas de Situaciones de Aprendizaje (SA)** en los que se recogen diversas actividades expuestas con antelación a modo de **Secuenciación Didáctica** (con actividades de Introducción, Desarrollo y Conclusión y su relación con actividades de Motivación, Activación, Exploración, Estructuración, Aplicación y Consolidación), tal y como recoge la actual ley educativa (LOMLOE). Además, se muestra la descripción del **Producto Final**, la posible **Temporalización** y relación con las **Competencias Específicas; Competencias Clave; Criterios de Evaluación; Saberes Básicos** (contenidos); **Medidas de Atención Educativa** en el aula según las **pautas DUA** (Diseño Universal de Aprendizaje); el Tratamiento de la **Transversalidad, Cultura Andaluza** e **Interdisciplinariedad**; los **Objetivos Mínimos** y la contribución al **Perfil de Salida**.

Situación de Aprendizaje N.º... «FLAMENQUEANDO»	PRODUCTO FINAL: Esquemas rítmicos flamencos (Percusión Corporal) TEMPORALIZACIÓN: 11 – 27 septiembre (6 sesiones) CURSO: 3º ESO / NOTA: 25% nota primer trimestre

JUSTIFICACIÓN: Enseñanza-aprendizaje de la práctica musical flamenca en el ámbito armónico-melódico (guitarra) y rítmico (percusión corporal)

	CC. ESP. / CC. CLAVE	CRITERIOS DE EVALUACIÓN	SABERES BÁSICOS (CONTENIDOS)
CC. ESP. 1	Análisis de rasgos estilísticos de obras de diferentes épocas y culturas. CC. CLAVE: CCL2, CCL3, CP3, CD1, CD2, CPSAA3, CC1, CCEC1, CCEC2	1.1. Identificar rasgos de obras musicales y dancísticas de diferentes épocas y culturas. 1.2. Explicar las funciones desempeñadas por determinadas producciones musicales y dancísticas. 1.3. Establecer conexiones entre manifestaciones musicales y dancísticas de diferentes épocas y culturas.	A2. Obras musicales y dancísticas.
CC. ESP. 2	Exploración de las posibilidades expresivas de diferentes técnicas musicales y dancísticas. CC. CLAVE: CCL1, CD2, CPSAA1, CPSAA3, CC1, CE3, CCEC3	2.1. Participar en la exploración de técnicas musicales y dancísticas básicas. 2.2. Expresar ideas, sentimientos y emociones en actividades pautadas de improvisación.	B2. Elementos básicos del lenguaje musical. B6. Técnicas de improvisación guiada y libre.
CC. ESP. 3	Interpretación de piezas musicales y dancísticas. CC. CLAVE: CCL1, CD2, CPSAA1, CPSAA3, CC1, CCE3	3.1. Leer partituras sencillas identificando los elementos básicos de lenguaje musical. 3.2. Emplear técnicas básicas de interpretación vocal, corporal o instrumental. 3.3. Interpretar con corrección piezas musicales individuales y grupales.	B1. La partitura. B5. Técnicas básicas para la interpretación.

SECUENCIACIÓN DIDÁCTICA

INTRO. **El cante, el baile y el toque** (MO/AC/EX): Búsqueda de características del cante, baile y toque / Reflexión sobre la improvisación, creatividad y flexibilidad en el flamenco - *Tipo de agrupación:* grupos de tres / grupo clase - - *Material:* recursos web

DES 1. **La guitarra flamenca** (ES/AP): Explicación tablatura guitarra y tetracordos del toque "por medio" y "por arriba" / Práctica con xilófonos y metalófonos de líneas melódicas - *Tipo de agrupación:* individual / parejas – *Material: Métodos de guitarra flamenca / Instrumentos de placas*

DES 2. **El compás flamenco** (ES/AP): Explicación lenguaje no convencional (esquemas rítmicos flamencos) / Práctica del compás ternario de Fandangos / Práctica del compás binario de Tangos - *Tipo de agrupación:* individual / grupos de tres / grupo clase – *Material: Métodos de compás flamenco*

CON. **Montaje de esquemas rítmicos flamencos** (CON): Montaje de diferentes esquemas rítmicos a partir de los materiales proporcionados (combinando esquemas, técnicas y compases)- *Tipo de agrupación:* grupos de tres – *Material: Métodos de compás flamenco*

MEDIDAS AT. EDUCATIVA ORDINARIA EN AULA (SEGÚN PAUTAS DUA) (G=medida general; R/P=específica refuerzo/profundización; A=adaptación)

MOTIVACIÓN Y COMPROMISO	REPRESENTACIÓN	ACCIÓN Y EXPRESIÓN
- Relación entre el esfuerzo y los resultados (G)	- Pautas guiadas para comprender notación no convencional de esquemas rítmicos (R)	- Esquemas rítmicos básicos (R) / - Esquemas rítmicos complejos (P)

TRATAMIENTO DE LA TRANSVERSALIDAD, CULTURA ANDALUZA E INTERDISCIPLINARIEDAD

- Valores asociados a la práctica musical grupal, como la cooperación y el trabajo en equipo; y a la Educación para la Salud, relacionada con los beneficios del desarrollo psicomotriz de la Percusión Corporal.
- Características del cante, baile y toque flamenco / Práctica rítmica del compás de Fandangos (ternario) y Tangos (binario).
- Relación interdisciplinar con la asignatura de Educación Física.

OBJETIVOS MÍNIMOS

Identificar características básicas del flamenco (cante, baile y toque) / Practicar elementos básicos del compás flamenco (ternario y binario) con Percusión Corporal (palmas y manos en la mesa).

CONTRIBUCIÓN AL PERFIL DE SALIDA

Acorde a los denominados por la UNESCO como "retos y desafíos del siglo XXI", el alumnado desarrollará habilidades como la autoconfianza y la cooperación para aportar positivamente en los resultados de actividades grupales.

Situación de Aprendizaje N.°…
«TOLERANCIA, RESPETO Y NO DISCRIMINACIÓN A TRAVÉS DEL FLAMENCO»

PRODUCTO FINAL: Musicograma
TEMPORALIZACIÓN: 3-24 noviembre (7 sesiones)
CURSO: 3º ESO / **NOTA:** 25% nota primer trimestre

JUSTIFICACIÓN: Análisis de la función social de la música y su utilización como medio para trabajar en el aula los valores de respeto, tolerancia y no discriminación en relación con las Efemérides del 16N (Día de la Tolerancia y del Flamenco) y del 25N (Día contra la violencia sexista), junto con aspectos sobre la temática de las coplas flamencas y elementos rítmicos del flamenco.

CC. ESP. / CC. CLAVE	CRITERIOS DE EVALUACIÓN	SABERES BÁSICOS (CONTENIDOS)
CC. ESP. 1 Análisis de rasgos estilísticos de obras de diferentes épocas y culturas. **CC. CLAVE:** CCL2, CCL3, CP3, CD1, CD2, CPSAA3, CC1, CCEC1, CCEC2	**1.1.** Identificar rasgos de obras musicales y dancísticas de diferentes épocas y culturas.	**B2.** Elementos básicos del lenguaje musical. **B3.** Principales géneros musicales.
	1.2. Explicar las funciones desempeñadas por determinadas producciones musicales y dancísticas.	**C3.** La música tradicional en Andalucía: El flamenco.
	1.3. Establecer conexiones entre manifestaciones musicales y dancísticas de diferentes épocas y culturas.	**C5.** Músicas populares, urbanas y contemporáneas.
CC. ESP. 2 Exploración de las posibilidades expresivas de diferentes técnicas musicales y dancísticas. **CC. CLAVE:** CCL1, CD2, CPSAA1, CPSAA3, CC1, CE3, CCEC3	**2.1.** Participar en la exploración de técnicas musicales y dancísticas básicas.	**C5.** Músicas populares, urbanas y contemporáneas.
	2.2. Expresar ideas, sentimientos y emociones en actividades pautadas de improvisación.	**B2.** Elementos básicos del lenguaje musical.
CC. ESP. 4 Creación de propuestas artístico-musicales. **CC. CLAVE:** CCL1, STEM3, CD2, CD3, CPSAA3, CC1, CE1, CE3, CCEC3, CCEC4	**4.1.** Planificar y desarrollar propuestas artístico-musicales.	**B9.** Herramientas digitales para la creación musical.
	4.2. Participar activamente en la planificación y en la ejecución de propuestas artístico-musicales colaborativas.	**B7.** Proyectos musicales y audiovisuales.

SECUENCIACIÓN DIDÁCTICA

INTRO. **Función social de la música** (MO/AC/EX): Reflexión sobre elementos injustos en la sociedad y la capacidad de la música para expresar valores positivos de cambio social - *Tipo de agrupación: individual / grupos de tres / grupo clase*

DES 1. **16N-Día del Flamenco y de la Tolerancia** (ES): Flamenco y UNESCO (patrimonio inmaterial de la Humanidad) / Conceptos de Tolerancia y Respeto - *Tipo de agrupación: individual / parejas – **Material:** video UNESCO Flamenco*

DES 2. **Las temáticas del flamenco y Día contra la Violencia Sexista (25N)** (AP): Principales temáticas de las coplas flamencas (Act. Interdisciplinar: Lengua Castellana y Literatura) / Práctica del compás binario de Tangos (Perc. Corp.) / Valores no sexistas (Act. Interdisciplinar: Tutoría) - *Tipo de agrupación: individual / grupos de tres / grupo clase – **Material:** Textos sobre las temáticas del cante flamenco / Métodos de compás flamenco*

CON. **Musicograma "Mira"** (CON): Visionado de musicogramas con temáticas que tratan elementos injustos / Escucha de los Tientos-Tangos *"Mira"* y realización de su Musicograma - *Tipo de agrupación: grupos de tres – **Material:** ejemplos de musicogramas audiovisuales*

MEDIDAS AT. EDUCATIVA ORDINARIA EN AULA (SEGÚN PAUTAS DUA) (G=medida general; R/P=específica refuerzo/profundización; A=adaptación)

MOTIVACIÓN Y COMPROMISO	REPRESENTACIÓN	ACCIÓN Y EXPRESIÓN
- Vinculación de la actividad con canciones escogidas por el propio alumnado (G)	- Pautas guiadas para identificar temáticas (R) - Análisis de distintas funciones de la música (P)	- Esquemas rítmicos básicos (R) - Esquemas rítmicos complejos (P)

TRATAMIENTO DE LA TRANSVERSALIDAD, CULTURA ANDALUZA E INTERDISCIPLINARIEDAD

- Valores sociales y cívicos relacionados con el fomento de la tolerancia, el respeto, la justicia y la igualdad / Fomento de la lectura y expresión oral / Cultura digital
- Temáticas de las coplas flamencas / Práctica rítmica del compás de Tangos.
- Relación interdisciplinar con la asignatura de Lengua Castellana y Literatura / Sesión de Tutoría dedicada al Día contra la Eliminación de la Violencia contra las Mujeres (25N).

OBJETIVOS MÍNIMOS

Identificar diferentes temáticas de letras de canciones (o cantes) / Valorar capacidad de la música para tratar problemáticas sociales / Conocer uso básico de aplicaciones digitales de edición de vídeo.

CONTRIBUCIÓN AL PERFIL DE SALIDA

Acorde a los denominados por la UNESCO como "retos y desafíos del siglo XXI", el alumnado desarrollará su espíritu crítico para detectar situaciones de inequidad; entenderá los conflictos como algo inherente a la sociedad que deben resolverse pacíficamente; y se fomentarán valores como la cooperación y la convivencia al sentirse parte de un proyecto colectivo.

Situación de Aprendizaje N.º ...
«CULTURA ANDALUZA»

PRODUCTO FINAL: Actividad Interdisciplinar (LCL) "Poesía y Flamenco"
TEMPORALIZACIÓN: 31 enero – 23 febrero (8 sesiones)
CURSO: 3° ESO / **NOTA:** 33% nota segundo trimestre

JUSTIFICACIÓN: Análisis de los ámbitos y contextos del flamenco (pasado y presente); de sus etapas desde la perspectiva de la Justicia Social; formación interpretativa del ámbito flamenco y relación con la poesía andaluza, en el contexto de la Efeméride del Día de Andalucía del 28 de febrero.

CC. ESP. / CC. CLAVE	CRITERIOS DE EVALUACIÓN	SABERES BÁSICOS (CONTENIDOS)
CC. ESP. 1 Análisis de rasgos estilísticos de obras de diferentes épocas y culturas. **CC. CLAVE:** CCL2, CCL3, CP3, CD1, CD2, CPSAA3, CCl, CCEC1, CCEC2	1.1. Identificar rasgos de obras musicales y dancísticas de diferentes épocas y culturas. 1.2. Explicar las funciones desempeñadas por determinadas producciones musicales y dancísticas. 1.3. Establecer conexiones entre manifestaciones musicales y dancísticas de diferentes épocas y culturas.	C3. La música tradicional en Andalucía. B4. Repertorio vocal, instrumental o Corporal. C1. Historia de la música y de la danza occidental. A5. Conciertos, actuaciones musicales en vivo. A9. Normas de comportamiento básicas en la recepción percepción musical.
CC. ESP. 3 Interpretación de piezas musicales y dancísticas. **CC. CLAVE:** CCL1, CD2, CPSAA1, CPSAA3, CC1, CCE3	3.1. Leer partituras sencillas identificando los elementos básicos de lenguaje musical. 3.2. Emplear técnicas básicas de interpretación vocal, corporal o instrumental.	B2. Elementos básicos del lenguaje musical.
CC. ESP. 4 Creación de propuestas artístico-musicales. **CC. CLAVE:** CCL1, STEM3, CD2, CD3, CPSAA3, CC1, CEl, CE3, CCEC3, CCEC4	4.1. Planificar y desarrollar propuestas artístico-musicales. 4.2. Participar activamente en la planificación y en la ejecución de propuestas artístico-musicales colaborativas.	B9. Herramientas digitales para la creación musical.

SECUENCIACIÓN DIDÁCTICA

INTRO. **Usos, ámbitos y tipo de público (MO/AC/EX):** Búsqueda y puesta en común sobre los espacios de interpretación, tipo de público y comportamientos comparados entre la música académica, popular tradicional y urbana / Conocimiento específico del contexto flamenco en cuanto a uso y función - **Tipo de agrupación:** *grupos de tres / grupo clase – **Material:** recursos web y dispositivos móviles*

DES 1. **Las etapas del flamenco desde la perspectiva de la Justicia Social (AP):** Realización de documento audiovisual sobre el desarrollo evolutivo del flamenco tomando en cuenta la función social de la música - **Tipo de agrupación:** *grupos de tres – **Material:** Dispositivos móviles y App de edición de vídeo*

DES 2. **Verde que te quiero verde (AP):** Selección de poemas de Góngora, Bécquer y Lorca para ser recitados / Práctica de la canción compuesta por Manzanita con letra de Lorca "Verde que te quiero verde" con los esquemas rítmicos trabajados anteriormente - **Tipo de agrupación:** *individual / grupos de tres / grupo clase – **Material:** recursos web y métodos de compás flamenco*

CON. **Poesía y Flamenco (AP/CON):** Con motivo de la celebración del Día de Andalucía se llevará a cabo el recitado de poemas con acompañamiento instrumental (Góngora, Bécquer, Lorca y "Camina") terminando con la interpretación de la canción *"Verde que te quiero verde"* (actividad interdisciplinar con Lengua Castellana y Literatura) - **Tipo de agrupación:** *individual / grupos de tres / grupo clase – **Material:** recursos web y métodos de compás flamenco*

MEDIDAS AT. EDUCATIVA ORDINARIA EN AULA (SEGÚN PAUTAS DUA) (G=medida general; R/P=específica refuerzo/profundización; A=adaptación)

MOTIVACIÓN Y COMPROMISO	REPRESENTACIÓN	ACCIÓN Y EXPRESIÓN
- Vinculación de la actividad con el contexto cultural de Andalucía propio del alumnado (G)	- Pautas guiadas para identificar diferentes ámbitos y contextos musicales (música académica, popular urbana y flamenco) (R) - Análisis de distintas funciones de la música (P)	- Recitado de poesía andaluza (R) - Creación de cuartetas octosilábicas propias (P)

TRATAMIENTO DE LA TRANSVERSALIDAD, CULTURA ANDALUZA E INTERDISCIPLINARIEDAD

- Valores asociados a la práctica musical grupal, como la cooperación y el trabajo en equipo / Fomento de la lectura y expresión oral / Cultura digital.
- Relación de la poesía andaluza con el flamenco / Práctica musical de la rumba "Verde que quiero verde".
- Relación interdisciplinar con la asignatura de Lengua Castellana y Literatura.

OBJETIVOS MÍNIMOS

Conocer las características principales de las diferentes etapas en el desarrollo del flamenco / Valorar la relación del flamenco con la poesía andaluza

CONTRIBUCIÓN AL PERFIL DE SALIDA

Acorde a los denominados por la UNESCO como "retos y desafíos del siglo XXI", el alumnado valorará la diversidad cultural como fuente de riqueza al sentirse parte de un proyecto colectivo a nivel local en este caso, por el hecho de pertenecer a la Comunidad Autónoma de Andalucía.

Situación de Aprendizaje N.º…. «FLAMENCO Y COEDUCACIÓN»		PRODUCTO FINAL: Trabajo sobre "Mujeres ocultas en la Historia de la Música" TEMPORALIZACIÓN: 7 – 30 marzo (8 sesiones) CURSO: 3º ESO / NOTA: 33% nota segundo trimestre
JUSTIFICACIÓN: Análisis de la función social de la música popular y del flamenco, en este caso, en relación con la Efeméride del 8 de marzo del Día Internacional de la Mujer. A su vez, se continuará la formación interpretativa en el ámbito flamenco.		
CC. ESP. / CC. CLAVE	**CRITERIOS DE EVALUACIÓN**	**SABERES BÁSICOS (CONTENIDOS)**
CC. ESP. 1 — Análisis de rasgos estilísticos de obras de diferentes épocas y culturas. **CC. CLAVE:** CCL2, CCL3, CP3, CD1, CD2, CPSAA3, CC1, CCEC1, CCEC2	1.1. Identificar rasgos de obras musicales y dancísticas de diferentes épocas y culturas.	A4. Compositores y compositoras.
	1.2. Explicar las funciones desempeñadas por determinadas producciones musicales y dancísticas.	C5. Músicas populares, urbanas y contemporáneas.
	1.3. Establecer conexiones entre manifestaciones musicales y dancísticas de diferentes épocas y culturas.	A6. Mitos, estereotipos y roles de género trasmitidos a través de la música y la danza.
CC. ESP. 3 — Interpretación de piezas musicales y dancísticas. **CC. CLAVE:** CCL1, CD2, CPSAA1, CPSAA3, CC1, CCE3	3.1. Leer partituras sencillas identificando los elementos básicos de lenguaje musical.	
	3.2. Emplear técnicas básicas de interpretación vocal, corporal o instrumental.	B2. Elementos básicos del lenguaje musical.

SECUENCIACIÓN DIDÁCTICA

INTRO. **La cuestión de género, una cadena por romper** (MO/AC/ES): Reflexión conjunta sobre el propio concepto de género (como socialmente construido) y la diferencia con el concepto de sexo (biológicamente determinado) - *Tipo de agrupación: grupos de tres / grupo clase* – *Material: recursos web*

DES 1. **Nosotras** (AP): Búsqueda de ejemplos por parte del alumnado de "mujeres ocultas" en cualquier ámbito o disciplina (portfolio) / Creación de letras propias, reflexiones y dibujos con esta temática (para posterior musicograma o ampliar portfolio) - *Tipo de agrupación: grupos de tres* – *Material: dispositivos móviles y portfolio*

DES 2. **Flamencas** (ES/AP): Reflexión sobre los estereotipos de género en relación con la práctica instrumental de la guitarra flamenca / Actividad complementaria con Educación Plástica, Visual y Audiovisual visitando el Museo Thyssen (Málaga) para ver en persona los cuadros en los que aparecen mujeres guitarristas que previamente o ver las imágenes desde la página web del museo / Búsqueda de información sobre artistas flamencas comprometidas (desde el ámbito de la interpretación de guitarra (Pilar Alonso, Paola Hermosín o Antonia Jiménez), como desde la transmisión de mensajes de igualdad a través del cante (Rocío Márquez, Laura Vital, Alicia Carrasco o Rocío Márquez) / Práctica del compás flamenco de amalgama (característico de Soleá, Alegrías y Bulerías) / Ejemplificación de los dos toques principales en el flamenco ("por medio" - Rem, Do, Sib, La - y "por arriba" - Lam, Sol, Fa, Mi -) - *Tipo de agrupación: individual / grupos de tres / grupo clase* – *Material: recursos web y métodos de guitarra y compás flamenco*

CON. **Visibilización** (AP/CON): Exposición grupal sobre la visibilización de "Mujeres Ocultas", junto con la muestra de dibujos, reflexiones o letras creadas (trabajo en portfolio) - *Tipo de agrupación: individual / grupos de tres* – *Material: Portfolio*

MEDIDAS AT. EDUCATIVA ORDINARIA EN AULA (SEGÚN PAUTAS DUA) (G=medida general; R/P=específica refuerzo/profundización; A=adaptación)

MOTIVACIÓN Y COMPROMISO	REPRESENTACIÓN	ACCIÓN Y EXPRESIÓN
- Vinculación de la actividad con canciones escogidas por el propio alumnado (G)	- Pautas guiadas para identificar diferentes elementos sexistas en determinados tipos de música. (R) - Análisis de distintas funciones de la música (P)	- Reflexión sobre estereotipos de género en el ámbito interpretativo de la guitarra flamenca (R) - Creación de trabajo audiovisual que visibilice la presencia y aporte femenino en diferentes géneros musicales (P)

TRATAMIENTO DE LA TRANSVERSALIDAD, CULTURA ANDALUZA E INTERDISCIPLINARIEDAD

- Valores sociales y cívicos relacionados con el fomento de la Coeducación e Igualdad / Fomento de la lectura y expresión oral / Cultura digital
- Práctica rítmica del compás de Soleá, Bulerías y Alegrías (amalgama) y conocimiento de las principales estructuras armónicas de la guitarra flamenca (toque "por medio" y "por arriba")
- Relación interdisciplinar con la asignatura de Cambios Sociales y Género Educación Plástica, Visual y Audiovisual.

OBJETIVOS MÍNIMOS

Reflexionar sobre la "invisibilización" de las mujeres en diferentes disciplinas y áreas de conocimiento / Reconocer la capacidad de la música para expresar diferentes tipos de mensajes en relación con la cuestión de género (cosificación de la mujer / valores igualitarios)

CONTRIBUCIÓN AL PERFIL DE SALIDA

Acorde a los denominados por la UNESCO como "retos y desafíos del siglo XXI", el alumnado desarrollará su espíritu crítico para detectar situaciones de inequidad; entenderá los conflictos como algo inherente a la sociedad que deben resolverse pacíficamente; y se fomentarán valores como la cooperación y la convivencia al sentirse parte de un proyecto colectivo.

Situación de Aprendizaje N.º.... «FLAMENCO Y DIVERSIDAD CULTURAL»	PRODUCTO FINAL: Creación de letras, reflexiones y dibujos con la temática de la discriminación racial (portfolio) TEMPORALIZACIÓN: 11 – 20 abril (4 sesiones) CURSO: 3° ESO / NOTA: 20% nota tercer trimestre

JUSTIFICACIÓN: Análisis de la función social de la música respecto a la temática de la diversidad cultural y en relación con la Efeméride del 8 de abril del Día Internacional del Pueblo Gitano. Se continuará la formación interpretativa en el ámbito flamenco.

CC. ESP. / CC. CLAVE / OBJETIVOS	CRITERIOS DE EVALUACIÓN	SABERES BÁSICOS (CONTENIDOS)
CC. ESP. 1 Análisis de rasgos estilísticos de obras de diferentes épocas y culturas. **CC. CLAVE:** CCL2, CCL3, CP3, CD1, CD2, CPSAA3, CCI, CCEC1, CCEC2	**1.1.** Identificar rasgos de obras musicales y dancísticas de diferentes épocas y culturas.	**A4.** Compositores y compositoras.
	1.2. Explicar las funciones desempeñadas por determinadas producciones musicales y dancísticas.	**C3.** La música tradicional en Andalucía: flamenco. **C5.** Músicas populares, urbanas y contemporáneas.
	1.3. Establecer conexiones entre manifestaciones musicales y dancísticas de diferentes épocas y culturas.	**C4.** Tradiciones musicales y dancísticas de otras culturas del mundo.
CC. ESP. 3 Interpretación de piezas musicales y dancísticas. **CC. CLAVE:** CCL1, CD2, CPSAA3, CCI, CPSAA1, CCE3	**3.1.** Leer partituras sencillas identificando los elementos básicos de lenguaje musical.	
	3.2. Emplear técnicas básicas de interpretación vocal, corporal o instrumental.	**B2.** Elementos básicos del lenguaje musical.

SECUENCIACIÓN DIDÁCTICA

INTRO. **El alma no tiene color** (MO/AC/ES): Escucha y análisis de la canción *"El alma no tiene color"*, de Antonio Remache - *Tipo de agrupación: grupo clase – Material: recursos web*

DES 1. **Gitanismo y antigitanismo** (AP): Búsqueda de la definición de la palabra "Gitano" por la Real Academia de la Lengua (RAE) y reflexión grupal sobre el sinónimo "trapacero" que acompaña la definición (discriminación lingüística / el lenguaje crea la realidad) y posterior visionado del vídeo para la campaña de sensibilización "Yo no soy trapacero" / Lectura de selección de letras sobre gitanos en las coplas flamencas del s. XIX – muestra de antigitanismo - *Material: Tesis Doctoral "Música para la Justicia Social: el flamenco como recurso para la intervención socioeducativa" (Víctor Pastor Pérez) y libro "Los zíncali: los gitanos de España (George Borrow).*

DES 2. **La negritud en el flamenco** (ES/AP): Lectura de la transcripción de fragmentos de la conferencia *"Influencias y presencia de la cultura negroamericana en el flamenco"* de José Luis Ortiz Nuevo / Escucha y visionado de ejemplos de los denominados "Cantes de ida y vuelta" (Guajira *"Alumbra el firmamento"* de Rocío

Márquez, y *"Vidalita"* de Mayte Martín) - ***Tipo de agrupación:*** *individual / grupos de tres / grupo clase* – ***Material:*** *recursos web y libro "Educación, Flamenco y Justicia Social" (Víctor Pastor Pérez).*

DES 3. **El cajón flamenco** (ES/AP): Búsqueda del origen del "cajón flamenco" (para comprobar que su origen es afroperuano, y fue incorporado al flamenco por Paco de Lucía y su percusionista, el brasileño Rubem Dantas / Práctica del compás de Tangos con el cajón (previamente se había trabajado con Percusión Corporal) - ***Tipo de agrupación:*** *individual / grupos de tres / grupo clase* – ***Material:*** *recursos web y métodos de cajón flamenco*

CON. **Satispén talí (salud y libertad)** (AP/CON): Actividad interdisciplinar con Geografía e Historia sobre cultura y aportes del pueblo gitano (en horario de esta asignatura) / Realización de reflexiones, dibujos o letras (cuartetas octosílabas) sobre la temática diversidad racial y cultural (para completar información en el portfolio) - ***Tipo de agrupación:*** *individual / grupos de tres* – ***Material:*** *Portfolio*

MEDIDAS AT. EDUCATIVA ORDINARIA EN AULA (SEGÚN PAUTAS DUA) (G=medida general; R/P=específica refuerzo/profundización; A=adaptación)

MOTIVACIÓN Y COMPROMISO	REPRESENTACIÓN	ACCIÓN Y EXPRESIÓN
- Desarrollo de la capacidad reflexiva (G)	- Pautas guiadas para identificar temáticas (R) - Análisis de distintas funciones de la música (P)	- Esquemas rítmicos básicos (R) - Esquemas rítmicos complejos (P)

TRATAMIENTO DE LA TRANSVERSALIDAD, CULTURA ANDALUZA E INTERDISCIPLINARIEDAD

- Valores sociales y cívicos relacionados con la Diversidad Cultural y Racial / Valores asociados a la práctica musical grupal, como la cooperación y el trabajo en equipo.
- Práctica rítmica del compás de Tangos con el cajón flamenco.
- Relación interdisciplinar con la asignatura de Valores Éticos.

OBJETIVOS MÍNIMOS

Reflexionar sobre la discriminación por cuestiones de cultura y racialización./ Reconocer la capacidad de la música para expresar mensajes en relación con la necesaria igualdad de trato hacia todas las personas / Desarrollar mecanismos básicos de acompañamiento rítmico con el cajón flamenco

CONTRIBUCIÓN AL PERFIL DE SALIDA

Acorde a los denominados por la UNESCO como "retos y desafíos del siglo XXI", el alumnado desarrollará su espíritu crítico para detectar situaciones de inequidad; entenderá los conflictos como algo inherente a la sociedad que deben resolverse de manera pacífica; y se fomentarán valores como la cooperación y la convivencia al sentirse parte de un proyecto colectivo.

ANEXO 2.
PARTITURAS DE CANTES Y TOQUES

A continuación, se muestran las transcripciones al lenguaje musical estandarizado (solfeo) del cante y toque por Alegrías expuesto en el punto 2.2 para trabajar con el alumnado la **línea melódica y la estructura armónica** de las **alegrías** (utilizando un cante interpretado por Camarón de la Isla). Igualmente, se muestran las transcripciones de *Mira* **(tientos-tangos)** y *Camina* **(soleá por bulería)**, ejemplos expuestos en el punto 4.1.2 para trabajar con el alumnado contenido de **educación en valores a través del flamenco** (utilizando música y letra de composición propia).

ALEGRÍAS DE CÁDIZ

Camarón de la Isla

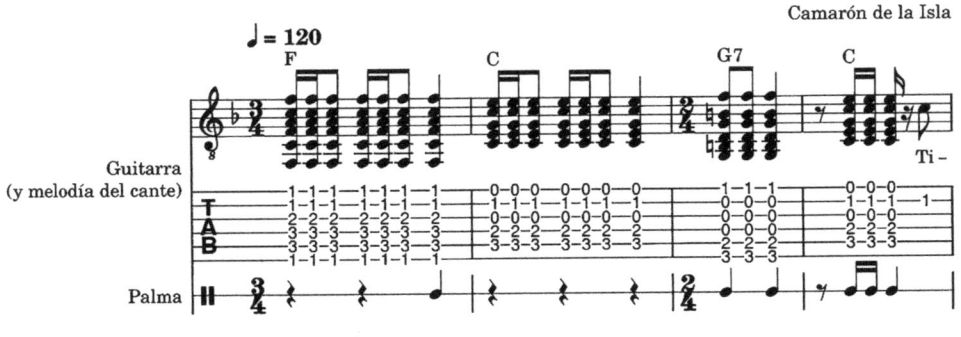

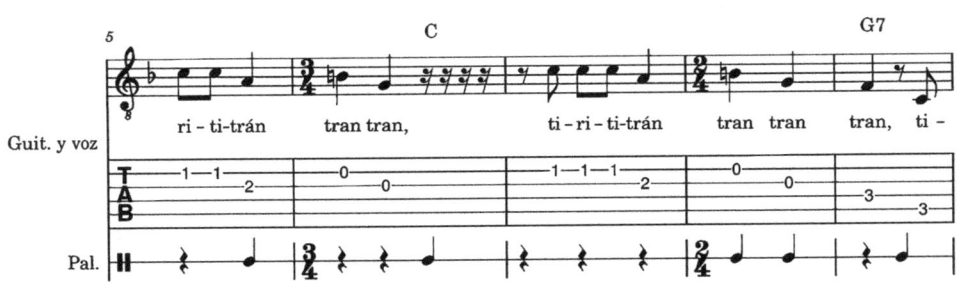

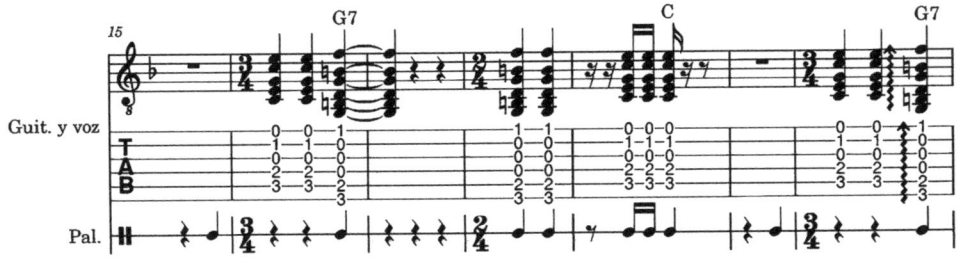

2

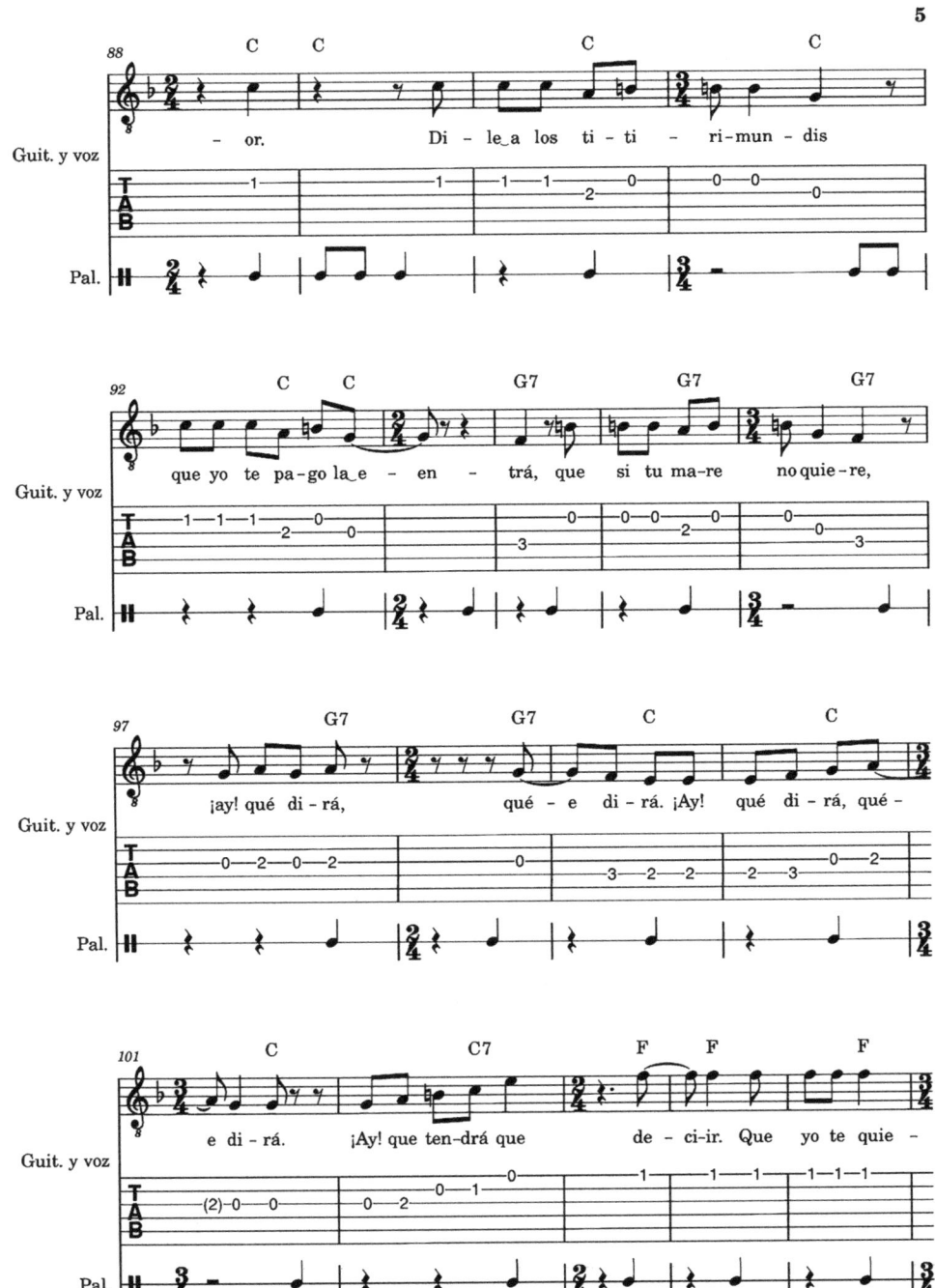

6

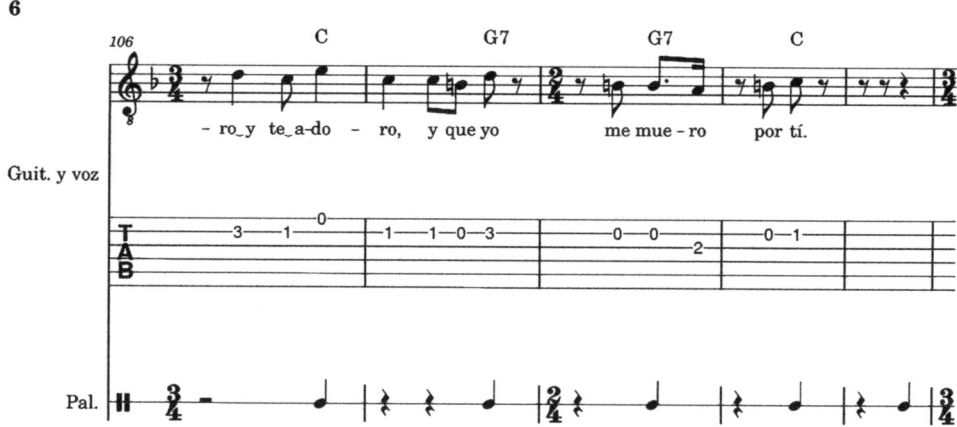

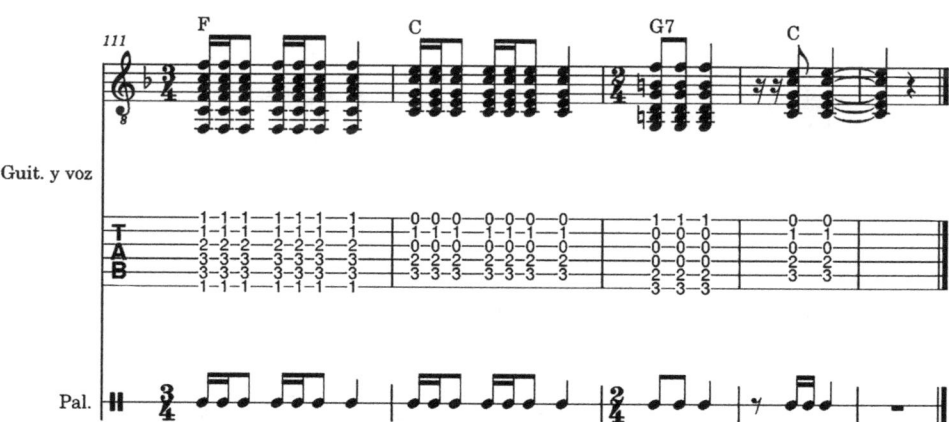

MIRA
(Tientos-Tangos)

Víctor Pastor Pérez

2

4

6

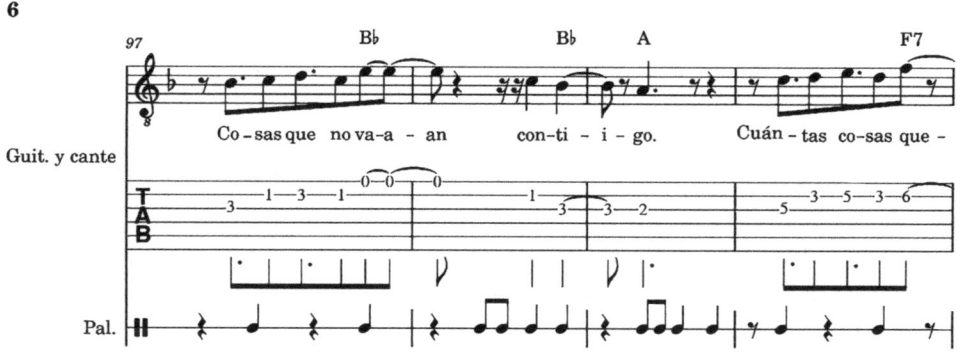

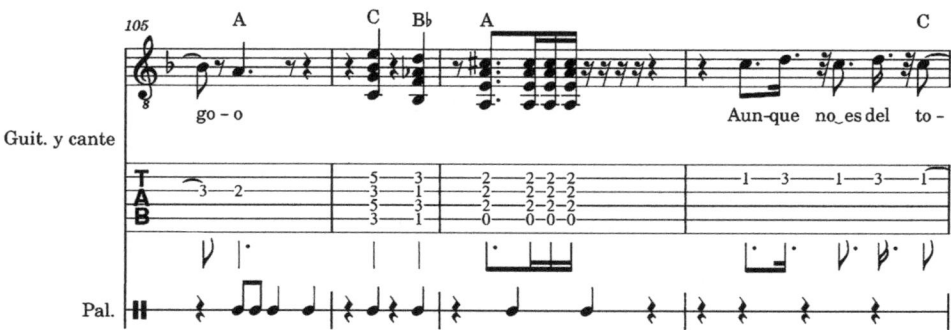

8

10

CAMINA
(Soleá por bulería)

Víctor Pastor Pérez

2

4

6

Guit. y cante

vol-vien-do   la vis-ta_a - trá - a - as,   ve-ré

Pal.

Guit. y cante

las ho-jas ca - í-i-i - da-a-as que-e si - guen mi ca-

Pal.

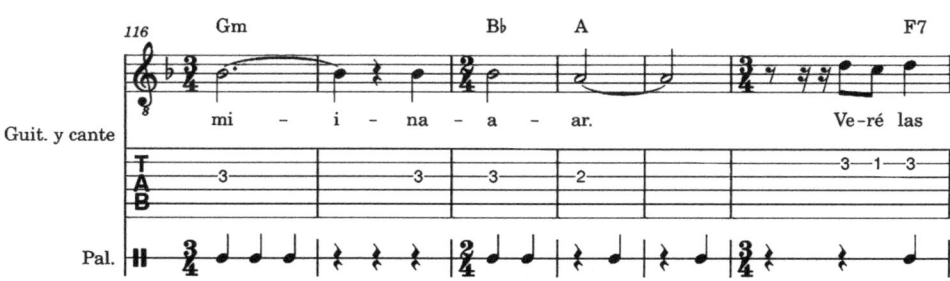

Guit. y cante

mi - i - na - a - ar.   Ve-ré las

Pal.

Guit. y cante

ho-jas ca - í-i-i - da-a-as   que si-guen mi ca-

Pal.

8

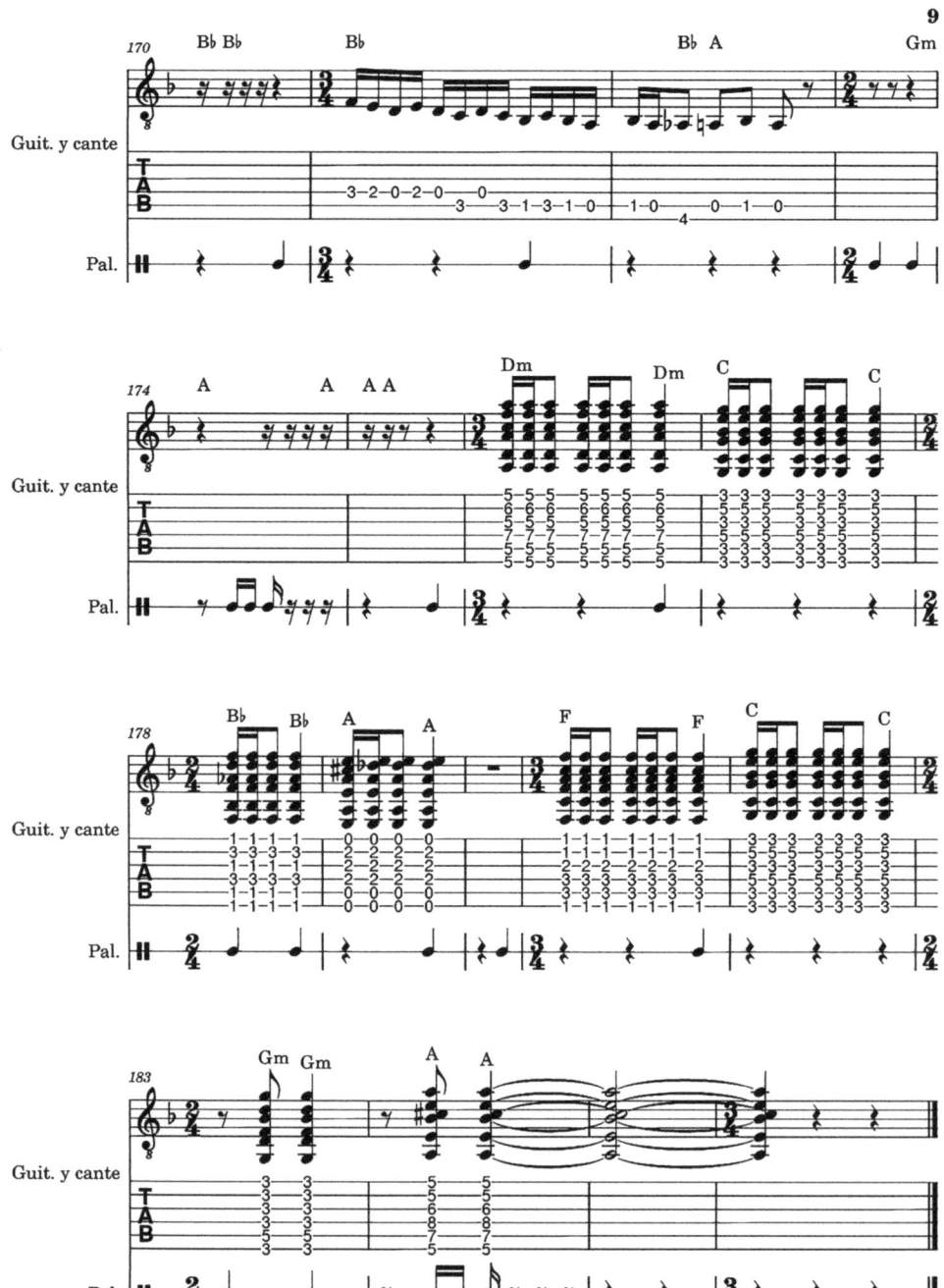

BIBLIOGRAFÍA

Aix, Francisco (2014): *Flamenco y poder. Un estudio desde la sociología del arte,* Madrid: Fundación SGAE.

Barros, Fernando (2011): *Flamenco en las aulas,* Sevilla: Signatura.

Bona, César (2015): *La nueva educación: los retos y desafíos de un maestro de hoy,* Madrid: Plaza Janés.

Borrow, George (1999 [1841]): *Los zincali, los gitanos de España,* Sevilla: Portada.

Cenizo, José (2009): *Poética y didáctica del flamenco,* Sevilla: Signatura.

Chuse, Loren (2007): *Mujer y flamenco,* Sevilla: Signatura.

Connell, Raewin (2006): *Escuelas y justicia social,* Madrid: Morata.

Cruces, Cristina y Sabuco, Assumpta (2005): *Las mujeres flamencas, Etnicidad, Educación y Empleo ante los nuevos retos profesionales,* Sevilla: Ministerio de Trabajo y Asuntos Sociales, Instituto de la Mujer.

Cruces, Cristina (2002): *Más allá de la música. Antropología y flamenco (I),* Sevilla: Signatura.

Cruces, Cristina (2003): *Más allá de la música. Antropología y flamenco (II),* Sevilla: Signatura.

Feito, Rafael (coord.) (2010): *Sociología de la educación secundaria,* Barcelona: Graó y Ministerio de Educación.

Fraser, Nancy y Honneth, Axl (2006): *Redistribución y reconocimiento,* Madrid: Morata S.L. y Fundación Paideia Galiza.

Freire, Paulo (2015): *Pedagogía del oprimido,* Madrid: Siglo XXI.

Froehlich, Hildegard (2011): *Sociología para el profesorado de música,* Barcelona: Graó.

Garamendi, Begoña y González, Irene (2010): «Innovación educativa en el área de Música», en Giráldez, A., *Música. Investigación, innovación y buenas prácticas* (pp. 33-55), Barcelona: Graó.

García, Almudena (2017): *Otra educación ya es posible,* Valencia: Litera.

Giménez, Carlos (2010): *El interculturalismo: propuesta conceptual y aplicaciones prácticas*, Bilbao: Ikuspegi.

Giráldez, Andrea (coord.) (2010): *Música: investigación, innovación y nuevas prácticas*, Barcelona: Ministerio de Educación y Graó.

González, Anselmo (1989²): *Flamencología*, 2.ª edición, Córdoba: La Posada.

Grimaldos, Alfredo (2017): *Historia social del flamenco*, Barcelona: Península.

Hormigos-Ruiz, Jaime (2008): *Música y sociedad. Análisis sociológico de la cultura musical de la posmodernidad*, Madrid: Fundación Autor.

Huidobro, Azucena (2017): *Quiero bailar flamenco*, Madrid: Espasa.

Huidobro, Azucena (2020): *Bailando un tesoro*, Madrid: Ediciones de Autor.

León, Catalina (1992): *Didáctica del flamenco*, Sevilla: Junta de Andalucía.

López, Fernando (2020): *Historia queer del flamenco. Desvíos, transiciones y retornos en el baile flamenco (1808-2018)*, Navarra: Egales.

López, Miguel (1995): *Flamenco y valores: una propuesta de trabajo escolar*, Málaga: Junta de Andalucía.

López, Miguel (coord.) (2004): *Introducción al flamenco en el currículum escolar*, Madrid: UNIA, Akal.

López, Miguel (2007): *La imagen de las mujeres en las coplas flamencas: análisis y propuestas didácticas* (Tesis doctoral, Málaga: Universidad de Málaga [UMA]). Disponible en: http://www.biblioteca.uma.es/bbldoc/tesisuma/17115838.pdf

López, Miguel y Pastor, Víctor (coords.) (2023): *Interculturalidad, etnicidad, género y compromiso e identificación de clase en el flamenco*, Sevilla: Universidad Internacional de Andalucía, UNIA. Disponible en: https://www.unia.es/vida-universitaria/biblioteca-y-publicaciones/publicaciones/publicaciones-acceso-abierto/flamenco-interculturalidad

Machado y Álvarez, Antonio «Demófilo» (1975 [1889]): *Cantes flamencos y cantares*, Madrid: Espasa Calpe, colección Austral.

Meira, Keira (2022): *Sonidos Negros. Sobre la negritud del flamenco*, Granada: Libargo.

Ortiz, José Luis (1985): *Pensamiento político en el cante flamenco (antología de textos desde los orígenes hasta 1936)*, Sevilla: Editoriales Andaluzas Unidas.

Ortiz, José Luis (1998): *Semillas de ébano: el elemento negro y afroamericano en el baile flamenco*, Sevilla: Portada.

Pablo, Eulalia (2009): *Mujeres guitarristas*, Sevilla: Signatura.

Pablo, Eulalia (2013): *Las didácticas del flamenco*, Sevilla: Libros con duende.

Pastor, Víctor (2015): «La intervención social a través del Flamenco en la educación», en José Cenizo y Emilio Gallardo-Saborido (coords.), *Presumes que eres la ciencia: Estudios sobre flamenco* (pp. 282-295), Sevilla: Libros con Duende. Disponible en: https://dialnet.unirioja.es/servlet/libro?codigo=572163

Pastor, Víctor (2020): «Aporte metodológico del concepto de Música para la Justicia Social en la inclusión educativa del flamenco dentro de la Educación Secundaria Obligatoria (ESO)», *Sinfonía Virtual,* sección de Flamenco, 17. Disponible en: http://www.sinfoniavirtual.com/revista/039/justicia.pdf

Pastor, Víctor (2022): «Flamenco y Educación en Valores en Educación Secundaria Obligatoria», *Andalucía Educativa.* Disponible en: https://www.juntadeandalucia.es/educacion/portals/web/revista-andalucia-educativa/contenidos/-/contenidos/detalle/flamenco-y-educacion-en-valores-en-educacion-secundaria-obligatoria

Pastor, Víctor (2022): *Música para la Justicia Social: el flamenco como recurso para la intervención socioeducativa (de la tradición oral al academicismo)* (Tesis doctoral, Universidad Autónoma de Madrid [UAM]). Disponible en: https://repositorio.uam.es/handle/10486/706278

Pastor, Víctor (2023): *Educación, Justicia Social y Flamenco,* Sevilla: Editorial de la Universidad de Sevilla (EUS).

Pérez, Ángel (2003): *Más allá del academicismo: los desafíos de la escuela en la era de la información y de la perplejidad,* Málaga: Universidad de Málaga (UMA).

Pinilla, Juan (2020): *Las voces que no callaron. Flamenco y rebeldía,* Sevilla: Atrapasueños.

Robinson, Ken (2017): *Escuelas creativas. La revolución que está transformando la educación,* Barcelona: Penguin Random House.

Rodríguez, José Luis; Blanco, José Luis y Robles, Francisco (1998): *Las letras del cante,* Sevilla: Signatura.

Sánchez, Calixto y Navarro, José Luis (1997): *Una aproximación a las didácticas del flamenco,* Sevilla: Junta de Andalucía, Consejería de Educación y Ciencia.

Small, Christopher (1989): *Música, Sociedad, Educación,* Madrid: Alianza.

Steingress, Gerhard (2004): *Sobre flamenco y flamencología,* Sevilla: Signatura.

Torres, Jurjo (2011): *La justicia curricular. El caballo de Troya de la cultura escolar,* Madrid: Morata.

Utrilla, J. (2007): *El flamenco se aprende. Teoría y didáctica para la enseñanza del flamenco,* Córdoba: Toro Mítico.

Vargas, Miguel Ángel (2016): «Los días *señalaítos*. Notas sobre las dificultades de la Historia Gitana en el Estado español», sitio web: *Bitácora gitana. Recorridos culturales por la diversidad,* Fundación del Secretariado Gitano (FSG). Disponible en: https://www.gitanos.org/actualidad/archivo/117143.html#_ftn2

Vergara, Juan José (2017): *Aprendo porque quiero. El Aprendizaje Basado en Proyectos (ABP), paso a paso,* Madrid: SM.

Zeichner, Kenneth (2010): *La formación del profesorado y la lucha por la justicia social,* Madrid: Morata.

RECURSOS WEB

Blog Educativo «Música, Flamenco y Justicia Social»
    https://musicaflamencoyjusticiasocial.blogspot.com/
Centro Andaluz de Documentación del Flamenco
    https://www.centroandaluzdeflamenco.es/recursos-educativos
Instituto Andaluz del Flamenco
    https://www.juntadeandalucia.es/cultura/flamenco/content/educaci%C3%B3n
Flamencópolis
    https://www.flamenco.plus/flamencopolis/

Se terminó de imprimir este libro
el día de 6 de mayo de 2024,
en los talleres gráficos
de Masquelibros